Die Neulandhalle in Dithmarschen

Frank Trende

DIE NEULANDHALLE IN DITHMARSCHEN

Geschichtsort – Kulturort – Lernort

BOYENS

Nis R. Nissen
in memoriam

Ein Luginsland ist bald errichtet,
Um ins Unendliche zu schaun.

Johann Wolfgang von Goethe,
Faust
Der Tragödie zweiter Teil
Verse 11 343 f.

ISBN 978-3-8042-1551-1

Herstellung: Boyens Buchverlag
Layout und Gestaltung: Dörte Kromrei
Druck: BELTZ Bad Langensalza GmbH, Bad Langensalza
Printed in Germany

www.boyens-buchverlag.de

INHALT

Die Neulandhalle auf der Warft Franzosensand ist das zentrale Ausstellungsstück einer frei zugänglichen Außenausstellung.

NS-Herrschaft
in Schleswig-Holstein

HISTORISCHER LERNORT NEULANDHALLE

Am 8. Mai 2019 begann die neue Zeit der Neulandhalle als Historischer Lernort. Am 8. Mai 1945 endete der katastrophale Krieg in Europa und die Gewaltherrschaft der Nationalsozialisten war vorüber. Seit dem 74. Jahrestag des „Tags der Befreiung“ (Bundespräsident Richard von Weizsäcker) ist das Gebäude, das 1936 als eine Art völkisches Gesamtkunstwerk und als Tempel der nationalsozialistischen Volksgemeinschaftsidee als Zentrum des damaligen Adolf-Hitler-Kooges eröffnet worden war, ein frei zugänglicher Ort der Aufklärung und des historischen Lernens in einer Tourismusregion[1]. Dabei ist nach einer mehrjährigen Diskussion, die weit über Schleswig-Holstein hinaus Resonanz gefunden hatte, auf dem Gelände des ehemaligen Evangelischen Freizeitzentrums im Ortsteil Dieksanderkoog der Gemeinde

Bei Sturmflut in unbedeichtem Land letzte Rettung für Mensch und Tier: „Land unter“ auf der Hallig Habel, Alex Eckener, Lithografie, 1936.

Schäferhütte auf dem „Franzosensand“ vor dem Bau der Neulandhalle.

Friedrichskoog keine Gedenkstätte, kein Heimatmuseum entstanden, sondern eine Art Geschichtspark, der wegen seiner Themenstellung in Deutschland einmalig ist.[2]

Die Projektgruppe der Forschungsstelle für regionale Zeitgeschichte und Public History der Europa-Universität Flensburg unter der Leitung von Prof. Dr. Uwe Danker hatte dazu mit Doktoranden und Studierenden ein geschichtsdidaktisch abgesichertes Konzept entworfen und anschließend gemeinsam mit dem Gestalter Uwe Franzen, Lüneburg, realisiert. „Die ‚Neulandhalle' galt als spektakulärer Bau“, schreiben die Ausstellungsmacher um Danker, „in einem ebenso aufsehenerregenden Koog, dem ‚Adolf-Hitler-Koog'. Mit viel Propaganda feierten sich hier Nationalsozialisten für eine ‚friedliche Erweiterung deutschen Lebensraums' und die Errichtung einer ‚Volksgemeinschaft im Kleinen'. Diese Verheißungen erschienen damals attraktiv und erzeugten Zustimmung zur nationalsozialistischen Herrschaft. Mit ihnen untrennbar verbunden waren aber Kehrseiten und Fortsetzungen: nämlich Ausgrenzung, Gewalt und Krieg.“[3]

Das historische Gebäude ist auf den baulichen Zustand von 1936 zurückgeführt worden, Um- und Anbauten, Windfänge, Dachfenster verschwanden und veränderten das äußere Bild des Hauses, das für vier Jahrzehnte bestimmend gewesen war.

Das Landesdenkmal Dusenddüwelswarf als Ort patriotischer Kundgebungen, hier Stahlhelm-Treffen, 16. November 1924.

Im Innern wurden mit Behutsamkeit Spuren freigelegt wie etwa die vom Künstler Franz Frahm-Hessler gestaltete Darstellung der Kernsätze aus der Rede Adolf Hitlers zur Grundsteinlegung der Neulandhalle am 29. August 1935, die sich seit 1945 hinter einer Spanplatte erhalten hatte. Mit dokumentarischer Nüchternheit werden die zerstörten Wandbilder von Otto Thämer per Knopfdruck als schwarz-weiße Videoprojektion wieder sichtbar gemacht und geben einen Eindruck davon, wie der zentrale Saal der Neulandhalle bis 1945 in etwa ausgesehen hat.

Die Ausstellung draußen auf der Warft, auf der Nordseite der Neulandhalle, besteht aus mannshohen Buchstaben, die die Worte Leben/Gemeinschaft/Volk/Raum bilden, sie tragen die Informationen, Bilder, Texte, Karten, Dokumente, gegliedert in einzelne Kapitel, die Dithmarschen als eine Kernregion des Nationalsozialismus vorstellen. Sie zeigen den Weg von der traditionellen Landgewinnung an der Westküste hin zur ideologisch überhöhten Lebensraumgewinnung und stellen den Adolf-Hitler-Koog als reichsweit und sogar international vorgezeigtes Propagandaunternehmen vor. Ausgehend von der realen Neulandhalle als zentralem Ausstellungsstück wird der Horizont immer weiter gefasst – über dithmarsische und schleswig-holsteinische Zusammenhänge

Bauplatz der Neulandhalle, zur Grundsteinlegung fahnen- und girlandengeschmückt, 29. August 1935.

hinaus wird deutlich gemacht, wie sich der Adolf-Hitler-Koog und die „Trutz-blanke-Hans"-Metaphorik der Nationalsozialisten bis in den Eroberungs- und Vernichtungskrieg in Osteuropa wiederfinden lassen. Dem Fugenlaut „S", durch den aus den fünf Worten Leben/Gemeinschaft/Volk/Raum die Worte „Volksgemeinschaft und Lebensraum" werden, begegnet die Ausstellungsbesucherin, der Ausstellungsbesucher zweimal, liegend dargestellt, zum Einstieg in und zum Ausstieg aus der Präsentation. Am Ende des Rundgangs wendet sich die Ausstellung, abgebildet auf einem liegenden „S", direkt an die Besucherinnen und Besucher mit der Frage: „Was hat das mit mir zu tun?". Damit baut die Ausstellung eine Brücke in die Gegenwart, in der extreme politische Kräfte wieder die Frage stellen, wer zum Volk gehört und wer nicht.

Die Außenausstellung folgt dem strengen, geschichtsdidaktischen Konzept[4]. So konzentrieren sich die Ausstellungsmacher auf die zeithistorischen Abläufe und Zusammenhänge.

Im Mittelpunkt der Anlage steht, herausgehoben auf einer Warft, die Neulandhalle selbst, als Baudenkmal, als sperriges kulturelles Erbe, als zentrales Ausstellungsobjekt gleichermaßen – und vor allem als Ursache für die Notwendigkeit des aufklärenden und auf seine Weise Zusammenhang herstellenden Geschichtsparks.

Die Neulandhalle erhebt sich als Mittelpunkt über die Gesamtanlage des ehemaligen Adolf-Hitler-Koogs.

ADOLF HITLERS KOOG

Als Mittelpunkt ist das Gebäude von Anfang an geplant gewesen – in gewisser Weise auch als Höhepunkt der Inszenierung eines Siedlungsvorhabens einer völkischen Utopie. Schon seit dem Mittelalter haben Menschen den Verlauf der Dithmarscher Nordseeküste verändert. Durch die Jahrhunderte folgte Deich auf Deich, folgte Koog auf Koog. Die Bedingungen für die aktive Landgewinnung vor der Dithmarscher Küste waren günstig. Der ewige Rhythmus von Ebbe und Flut und die Strömungsbedingungen zwischen den Mündungen von Eider und Elbe unterstützten das Anwachsen des Marschbodens. Das Land konnte hier nach Westen wachsen – systematisch unterstützt durch Landgewinnungsarbeiten. Und mit dem Land wuchsen Wertschöpfung und Wohlstand in der Region.

Allerdings war die Bedrohung des Wohlstands durch das Meer real – Sturmfluten konnten jederzeit gefährlich werden. Hier waren Deiche unentbehrlich. Und da, wo es keine Deiche gab, da war die Warft, war ein von Menschenhand aufgeworfener Hügel in unbedeichtem Land nicht nur ein charakteristisches Landschaftselement auf karger Fläche, sondern die letzte Rettung für Mensch und Tier. Auch ein knappes Dutzend Künstlerinnen und Künstler wählten sich die Warft zum Erkennungszeichen: In den 1920er Jahren fanden sie sich zusammen, um „ihr niederdeutsches innerliches Wesen" zum Ausdruck zu bringen und bildeten die Künstlergruppe „De Warft" mit nordisch-niederdeutschem Tenor – unter ihnen Willy Graba (1894–1973), Otto Thämer (1892–1975) und Franz Frahm-Hessler (1898–1990).[5]

Im Herbst des Jahres 1924 konnte der Deich des Neufelderkoogs geschlossen werden. Dort machte aber die staatliche Seite keine Anstalten, nach systematischen Landgewinnungsarbeiten nun auch den Deichbau zu wagen. Eine privat gegründete Deichbaugenossenschaft beauftragte ein privates Unternehmen mit der Realisierung der Pläne, das mit Trockenbaggern und Zügen daran ging, die Erdmassen zu bewegen. Allerdings stand das ganze Unternehmen unter keinem guten Stern, Materialmangel erschwerte die Bauarbeiten, bei Sturmfluten kamen fünf Bauarbeiter ums Leben, es gab Streitereien zwischen der Deichbaugenossenschaft und dem ausführenden Unternehmen.[6] Doch für Hinrich Lohse (1896–1964), der seit 1925 Gauleiter der NSDAP und ab März 1933 Oberpräsident der preußischen Provinz Schleswig-Holstein war, war das mühsame und schwierige Vorhaben an der

Elbmündung keine Entmutigung. Er wollte, nun unter dem Signum des Hakenkreuzes, die gesamte schleswig-holsteinische Nordseeküste nach Westen verschieben. Gleich in seinem ersten Amtsjahr ließ er auf der Basis bestehender Visionen des Kieler Universitätsprofessors Walter Dix (1879–1963) einen ‚Generalplan' erarbeiten, der vorsah, nördlich der Eider bis zur dänischen Grenze 30 neue Köge einzudeichen, südlich der Eider sollte Dithmarschen um 13 Köge wachsen. Damit sollten rund 13.000 Hektar Land gewonnen werden. Lohse wollte nationalsozialistische Lebensraumpolitik und Arbeitsbeschaffung in großem Stil miteinander verbinden und die neue nationalsozialistische Politik einerseits mit der jahrhundertealten Geschichte der Landgewinnung und andererseits mit regionalen historischen Sonderentwicklungen verbinden. „Seit dem Auszug der Angeln und Sachsen von Schleswig-Holstein zur Eroberung Englands haben die schleswig-holsteinischen Stämme bis heute fast ohne Unterbrechung und oft auf sich allein angewiesen um den Besitz dieses Landes kämpfen müssen", heißt es in einer 1937 erschienenen ‚Denkschrift' aus dem schleswig-holsteinischem Oberpräsidium, und: „Die Friesen und Dithmarscher sind die hartnäckigsten Streiter um die Unabhängigkeit ihres Landes gewesen. Neben ihren politischen Feinden hatten sie noch einen mächtigen Gegner, der dafür sorgte, dass auch in Friedenszeiten ihre Wachsamkeit nie erlahmte: ‚den blanken Hans', die Nordsee. Wenn heute in einem wiedererstarkten deutschen Reich aus der bisherigen Verteidigung heraus der Angriff gegen die Nordsee mit ganzer Kraft vorgetragen wird, darf des Kampfes nicht vergessen werden, den unsere Väter unter den schwierigen äußeren Umständen und mit unzulänglichen Mitteln um die Erhaltung der Scholle geführt haben."[7] Aus Sicht der Nationalsozialisten war das propagandistisch überhöhte Thema der Landgewinnung als „friedliche und friedensliebende nationalsozialistische Landeroberung"[8] gut geeignet zu behaupten, diese Eindeichungsmaßnahmen seien ein Baustein zur Erreichung wirtschaftlicher Unabhängigkeit. Zudem ging es um die ideologische Verwurzelung des Nationalsozialismus als Weltanschauung: In den neuen Kögen sollte es darum gehen, Nationalsozialismus wachsen zu lassen. In der von Lohse als Oberpräsident herausgegebenen Schrift heißt es dazu: „So ist die Arbeit an der Schleswig-Holsteinischen Westküste das beste Sinnbild für den Aufbauwillen des nationalsozialistischen Staates. In der Gewinnung und Besiedlung der dem Meere abgerungenen Neulandflächen wird der Nachwelt ein bleibendes Symbol nationalsozialistischer Taten übermittelt, deren Geist für alle Zeiten durch die Siedler im neuen Koog vom Vater auf die Nachkommen vererbt, weiter leben wird."[9]

In der Dieksander Bucht an der Elbmündung, nur wenige Kilometer nordwestlich vom Neufelderkoog gelegen, waren 1933 die Voraussetzungen für eine neue Eindeichungsmaßnahme günstig. Durch kleinere Sommerköge, aufgewachsenes Vorland und die kleine Warft mit dem Namen ‚Franzosensand' war das Gelände deichreif. Im Jahre 1821 waren erste private Landgewinnungsarbeiten durch Sturm und Meer wieder zunichte gemacht worden. Nun sollte dieses Fleckchen Erde der Auftakt werden zur Umsetzung des Lohse-Plans. Die Friedrichskooger Ortsgruppe der NSDAP hatte davon in der Zeitung gelesen und schlug im April 1933 der Gemeindevertretung Friedrichskoogs vor, den Antrag zu stellen, „dass der neu eingedeichte Koog, eingedenk der nationalen Revolution des Jahres 1933 und zu Ehren des Führers der nationalsozialistischen Bewegung, den Namen ‚Adolf-Hitler-Koog' erhalte".[10] Die Vorbereitungen für die Eindeichung wurden zügig getroffen, mit dem Deichbau sollte noch im Juli 1933 begonnen werden. Die Nationalsozialisten sprachen schon 1929 davon, dass Norder- und Süderdithmarschen für sie eine ‚Hochburg' war. Nun wollten sie an der Elbmündung ein weithin sichtbares Zeichen setzen.

Das Eindeichungsvorhaben war von Anbeginn an auch als Arbeitsbeschaffungsmaßnahme geplant, anders als noch wenige Jahre zuvor im Neufelderkoog sollte auf der neuen Baustelle auf Bagger und Eisenbahnen zur Erdbewegung weitgehend verzichtet werden. Für den Koog des Führers sollten Spaten mobilisiert werden. Bis zu 300 NS-Arbeitsdienstmänner kamen dort zum Einsatz. Im Frühjahr 1934 entstand in Marne das Arbeitsdienstlager „Otto Streibel" für sämtliche dem Arbeitsdienst übertragenen Aufgaben im Koog. „Hier lag für die Reichsleitung des Arbeitsdienstes unter Reichsarbeitsführer Konstantin Hierl die Möglichkeit", so Jens-Peter Biel, „den im deutschen Volk noch nicht akzeptierten NS-Arbeitsdienst über eine Abteilung mit etwa 150 Mann weiter legitimieren zu können und die existenzielle Berechtigung dieser nationalsozialistischen Erziehungseinrichtungen mit ihrem neuen ‚artgemäßen' Arbeitsbegriff nachzuweisen."[11] Arbeitsdienstmänner, Notstandsarbeiter und Kräfte vom Arbeitsmarkt zusammen brachten es auf eindrucksvolle Zahlen: Im Sommer 1933 waren täglich rund 600 Mann auf der Baustelle, im Oktober rund 750, ein Jahr später sollen es rund 1700 Mann gewesen sein.

In diesem neuen Koog sollten vor allem neue bäuerliche Betriebe entstehen, die Landwirtschafts- und Siedlungspolitik erhielt im Nationalsozialismus eine zentrale ideologische Bedeutung. Reichsernährungsminister und Reichsbauernführer Richard Walter Darré (1895–1953) „verband nordisch-romantische Vorstellungen

Die Übersichtskarte des Oberpräsidiums zeigt die neue Deichlinie.

Bauernhöfe und Arbeiterhäuser, entstanden nach den Entwürfen des Architekten Ernst Prinz. Zeitgenössische Ansichtskarte.

mit einer Idealisierung des Bauerntums und war von der Überzeugung geleitet," so Uwe Mai, „dass einzig durch eine aktive Aufzüchtungspolitik im Rahmen einer bäuerlichen Siedlung eine Erneuerung und Verbesserung der nordischen Rasse möglich sei".[12]

Nach dem Deichschluss ging es darum, innerhalb kürzester Zeit rund 90 Siedlerstellen zu realisieren, 63 für Bauern mit Betrieben unterschiedlicher Größe, 20 für Arbeiter, vier Handwerker, eine Gastwirtschaft, dazu eine Schule und ein Haus für den Hausmeister der Neulandhalle. Im Frühjahr 1935 ist mit den Bauarbeiten begonnen worden. Die Pläne für die Bebauung sind im Auftrag des Reichsernährungsministeriums vom Kieler Architekten Ernst Prinz (1878–1974) entworfen worden[13]. Die Siedler mussten eine Reihe von Voraussetzungen erfüllen – sie mussten aus Dithmarschen stammen, zweitgeborene Bauernsöhne sein, Nationalsozialisten, „Menschenmaterial", wie es in einer vom Oberpräsidenten und Gauleiter Lohse herausgegebenen Schrift hieß, aus „altem germanischen Bauerntum".[14]

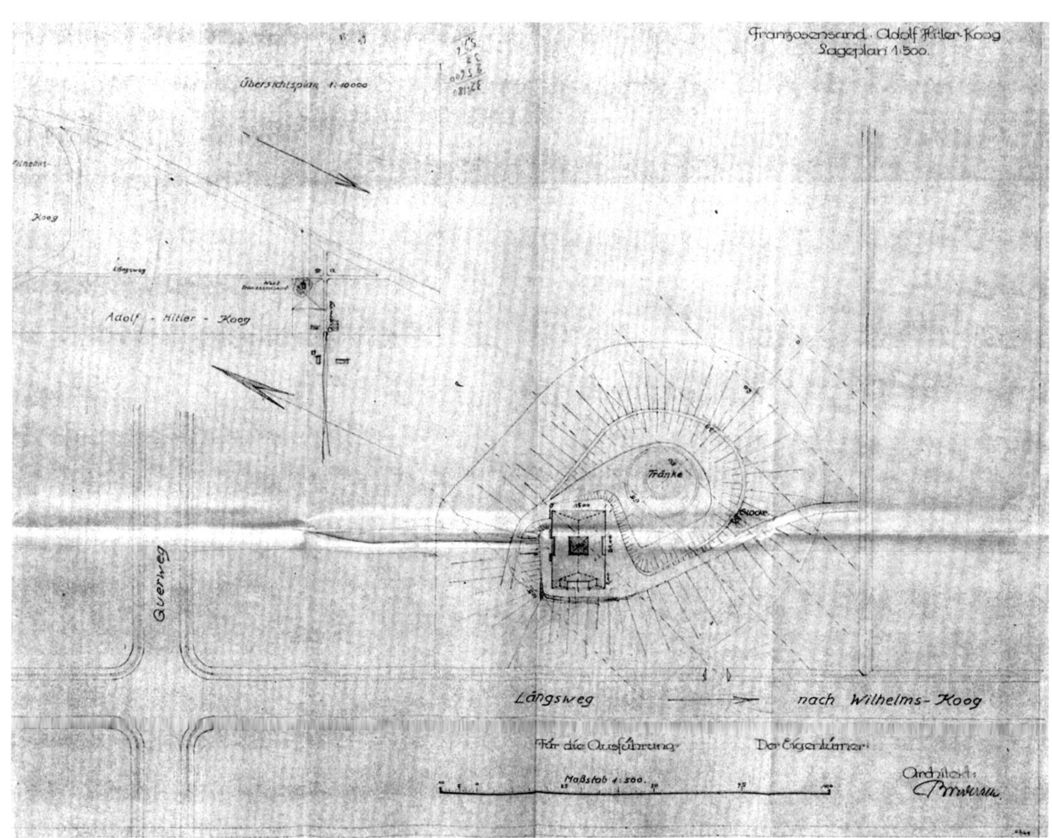

Lageplan für die Neulandhalle auf dem Franzosensand, Entwurf des Architekten Richard Brodersen.

Am 29. August 1935 machte sich Adolf Hitler von Kiel aus, wo Gauleiter Lohse ihn in Empfang genommen hatte, mit dem Wagen auf den Weg in den neuen Koog – auch Reichsbauernführer Darré fuhr in der Wagenkolonne mit. Seine Route führte ihn über Eckernförde, Husum und Friedrichstadt zunächst nach St. Annen. Dort besuchte Hitler auf dem Friedhof das Grab eines SA-Mannes, der in der sogenannten „Blutnacht von Wöhrden" 1929 in einer Auseinandersetzung mit Kommunisten getötet worden war und an dessen Beisetzung Hitler seinerzeit teilgenommen hatte. Über Heide führte der Weg nach Albersdorf, wo Hitler das Grab von Otto Streibel (1894–1929) besuchte, dieser war der zweite SA-Mann, der 1929 in Wöhrden getötet worden war und der nunmehr zum Namenspatron des Marner NS-Arbeitsdienstlagers geworden war. Die Arbeitsdienstmänner, die an der Verwirklichung des Adolf-Hitler-Koogs mitarbeiteten, taten dies gewissermaßen im Gedenken an Otto Streibel, ihr Lager in Marne trug seinen Namen. Hitler setzte seine Fahrt von Albersdorf durch Dithmarschen nach Marne fort, von dort ging es zum neuen Koog.

An einer Stöpe, dem Durchstich im Deichkörper, durch den die Straße in den Koog führt, wurde Hitlers Kolonne schon von den Offiziellen erwartet, der Arbeitsdienst und eine „SS-Ehrenkompanie" standen Spalier. Drei blonde Siedler-Mädchen begrüßten den Reichskanzler – ein Motiv, das durch die Presse weit verbreitet und

Zum Empfang Adolf Hitlers am 29. August 1935 wurde eine Deichstöpe zur Ehrenpforte.

geradezu ikonisch wurde für diesen Tag. Hitlers Reise durch Schleswig-Holstein, die streckenweise wie ein Triumphzug wirkte, sollte hier ihr Ziel und ihren Höhepunkt erreichen. Den Triumphbogen gab die Stöpe ab, die zu einer Ehrenpforte dekoriert war – mit der Aufschrift „Adolf-Hitler-Koog" und der Darstellung von zwei Hakenkreuzen, eines mit Schwert und Ähre, dem Symbol des Reichsnährstands, der NS-Organisation für Landwirtschaft und Landwirtschaftspolitik.

Der Bauplatz der Neulandhalle auf der kleinen Warft Franzosensand war für die Grundsteinlegung geschmückt, Girlanden markierten den Festplatz, Hakenkreuzflaggen wehten im Wind. Bislang gab es nur eine Warft in Dithmarschen, die mit einer solchen politischen Aufladung zu einem Versammlungsplatz geworden war. Zur 400. Wiederkehr der Schlacht bei Hemmingstedt war am 17. Februar 1900 das sogenannte Landesdenkmal enthüllt worden, das an den Sieg des genossenschaftlich verfassten Gemeinwesens der Bauernrepublik Dithmarschen über das übermächtige Fürstenheer erinnern sollte. Zwar konnte der genaue Ort, an dem die Dithmarscher eine Schanze aufwarfen und das Fürstenheer stoppten, noch nicht nachgewiesen werden. In der Überlieferung wurde aber die Dusenddüwelswarf mit dem Schlachtengeschehen in Verbindung gebracht – bei dieser Warft, aus der Theodor Fontane in seinem Gedicht über

Hitler lässt sich die Anlage des neuen Koogs erläutern.

die Schlacht bei Hemmingstedt den „Tausendteufelswall" machte – ging es nicht mit rechten Dingen zu: Der bei Karl Viktor Müllenhoff überlieferten Sage nach zeigten sich dort „grässliches Getöse und Geprassel, allerlei Erscheinungen". Arbeiter, die dies im Jahre 1499 beobachteten, flohen nachhause: „Nie war der Ort recht geheuer gewesen; aber niemals war der Spuk so furchtbar gewesen, als zu dieser Zeit". Ein Jahr, nachdem die Bauernrepublik Dithmarschen ihre Freiheit verloren hatte, sah man, so die Sage, an diesem Ort „den ganzen Himmel von Feuer brennen…"[15] Auf dieser teuflischen Warft hatten die Dithmarscher ihr Landesdenkmal errichtet. Die Feier am 17. Februar 1900 heroisierte die mittelalterliche Vergangenheit Dithmarschens und war zugleich eine patriotische Demonstration mit dem Bekenntnis

Die Formationen sind am Franzosensand angetreten, Begrüßung Hitlers. Rechts neben Hitler im Bild Gauleiter Hinrich Lohse.

zum Kaiser und seinem Reich. Die Feier sollte selbstverständliche keine republikanischen Gedanken mehr beflügeln. Die selbstbewussten Dithmarscher präsentierten sich als treue Preußen, das kleine Vaterland Dithmarschen war ganz und gar im großen wilhelminischen Vaterland aufgegangen. Durch eine weit reichende Berichterstattung wurden die Dithmarscher im ganzen Deutschen Reich zu Vorbildern erkoren – heimatverbunden, bodenständig und ganz und gar deutsch.[16]

Schnappschuss aus dem Fotoalbum des Arbeitsdienstmanns Heinrich Möller.

Nun wollte die nationalsozialistische Propaganda die Dithmarscher Bauern als Kämpfer am Meer wieder im ganzen Deutschen Reich vorzeigen. Adolf Hitler, Reichsernährungsminister Darré und Gauleiter Hinrich Lohse stiegen an diesem 29. August 1935 auf ein Gerüst, das auf dem neuen Deich errichtet worden war.

Von hier warfen die NS-Größen einen Blick auf das Meer. In die andere Richtung gesehen hatte man eine Aussicht über den neuen Koog. Am Bauplatz der Neulandhalle wurde Hitler von Robert Ley (1890–1945) begrüßt, Reichsleiter und Leiter der Deutschen Arbeitsfront. Gäste waren hier nicht nur die neuen Siedler, sondern auch Abordnungen der SA, der SS, des Nationalsozialistischen Kraftfahrkorps, der Arbeitsdienstes, der Hitlerjugend und des Bundes Deutscher Mädel. Der damalige Kreisbauernführer Hans Beeck (1896–1983) erinnerte sich später daran, dass auch „die 500 alten Kämpfer mit dem Goldenen Parteiabzeichen" dabei gewesen waren.[17]

Gauleiter Hinrich Lohse sprach zur Begrüßung Hitlers und spielte darauf an, dass es in Dithmarschen Todesopfer in der politischen Auseinandersetzung gegeben hatte. Er wandte sich an Hitler und sagte: „Sie stehen hier an der Nordsee auf neuem Land, das in harter Arbeit dem Meere abgerungen wurde. Seine Bewohner, die jetzt nach und nach dieses Land besiedeln, sind Nationalsozialisten, sind Kämpfer der Bewegung aus jenen Zeiten, als es noch hoch herging in Dithmarschen. Wir haben um das Banner kämpfen müssen, das wir heute aufgerichtet haben in Ihrem Namen."[18] Lohse verlas vor der Festversammlung den Wortlaut der Grundsteinurkunde, die er als Gauleiter und Oberpräsident unterzeichnet hatte. Dort heißt es u.a.:

„Im ersten neuen Koog, den das dritte Reich schuf, soll diese Halle ein Denkmal sein für das erfolgreiche Ringen um Neuland aus dem Meer und um Neuland des Wissens und der politischen Erkenntnis. Hier wollen wir uns sammeln zur Arbeit im Sinne unseres Führers als eine Gemeinschaft der Tat. Hier soll dem Siedler das

Der Hitler-Besuch war ein Propaganda-Ereignis, der damalige Kreisbauernführer Hans Beeck erinnerte sich später daran, dass 10 bis 20 Fotografen den Besuch dokumentierten – Ziel war eine reichsweite Bildberichterstattung.

Nr. 36 2. September

Preis 20 Pf.

Hamburger Illustrierte

17. JAHRGANG 1935 · VERLAG BROSCHEK, HAMBURG

Aufnahme Schütze

Die Einweihung des Adolf-Hitler-Koogs

Dithmarscher Jugend begrüßt den Führer

(Siehe Seite 2 und 3)

Adolf Hitler, unser Führer, des Deutschen Reiches Kanzler, vollzog am 2. August 1935 die Grundsteinlegung zu dieser Neulandhalle.

Der Wille unseres Führers hat erreicht was unmöglich schien: Deutschland steht in neuer Geltung da, das Aufbauwerk ist in vollem Gang, das Schicksal unserer Heimat wendete sich.

Mit neuem Mut und neuer Zuversicht haben auch wir unsern Kampf wieder aufgenommen, den Kampf mit dem Meer.

Im ersten neuen Koog, den das dritte Reich schuf, soll diese Halle ein Denkmal sein für das erfolgreiche Ringen um Neuland aus dem Meer und um Neuland des Willens und der politischen Erkenntnis.

Hier wollen wir uns sammeln zur Arbeit im Sinne unseres Führers als eine Gemeinschaft der Tat.

Hier soll dem Siedler das Rüstzeug gegeben werden zum Kampf für Heimat und Volk im Geiste des Nationalsozialismus, der ihm die neue Heimat schenkte.

Hinrich Lohse.

Gauleiter und Oberpräsident der Provinz Schleswig-Holstein.

Grundsteinurkunde der Neulandhalle.

Rüstzeug gegeben werden zum Kampf für Heimat und Volk im Geiste des Nationalsozialismus, der ihm die neue Heimat schenkte.“[19]

Nach Lohse hielt der Handwerkskammerpräsident Kummerfeld eine Rede. Danach schließlich sprach Hitler selbst. Wenn der damalige Kreisbauernführer Hans Beeck die Situation richtig gesehen und gedeutet hat, dann war es Kummerfeld, der Hitler spontan das Wort erteilte und diesen damit überraschte: „Dieser sah plötzlich mit grollendem Blick erst Kummerfeld und dann Lohse an, als wenn er fragen wollte, ob dieses Spiel ein von ihm abgekartetes sei. Sein Blick milderte sich aber sofort und er sah sich nun plötzlich gewissermaßen gezwungen, doch zu sprechen.“[20] Wenn es tatsächlich so war, dass Hitler ursprünglich nicht die Absicht gehabt hatte, auf dem Bauplatz zu sprechen, würde dies erklären, warum seine Rede so kurz und knapp ausfiel. In seiner Ansprache sagte er: „Deutsche Volksgenossen! Wenn wir auf diesem neuen Land stehen, so wollen wir zwei Erkenntnisse nicht vergessen: Arbeit allein hat dieses Werk erschaffen. Möge das deutsche Volk niemals vergessen, das zu allen Zeiten niemals das Leben den Menschen als Geschenk gegeben ist, sondern dass es stets schwer erkämpft und durch Arbeit errungen werden musste. Und die zweite Erkenntnis: So wie hier jeder Quadratmeter dem Meer abgerungen und mit unermüdlicher tapferer Hingabe beschirmt werden muß, so muß alles, was die Gesamtnation schafft und baut, von allen deutschen Volksgenossen ebenso beschirmt werden.“ Hitler wählte hier also ‚Kampf‘ und ‚Arbeit‘ zu den Schlüsselbegriffen seiner Ausführungen – auffällig, dass er über die landwirtschaftspolitische Dimension dieses

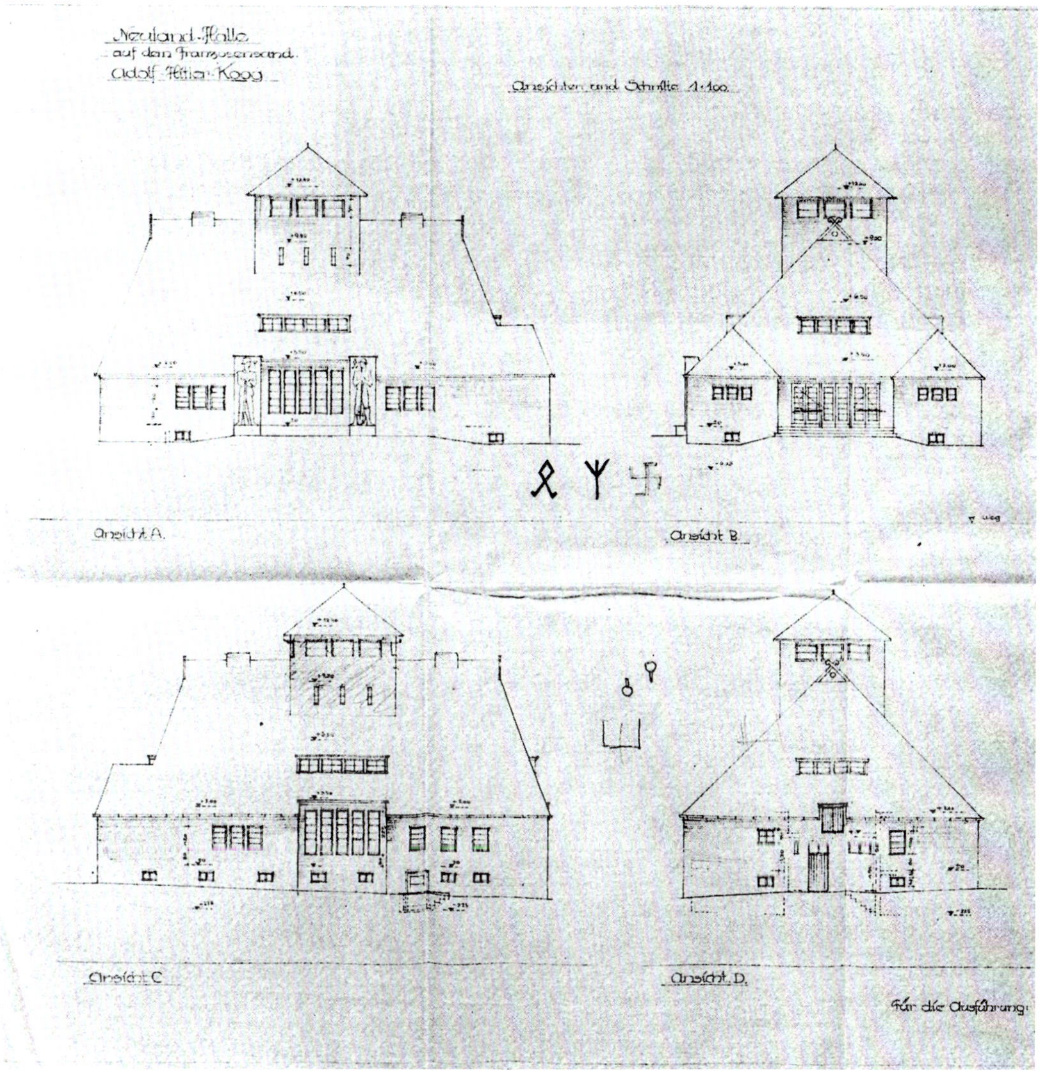

Neuland-Halle
auf dem Franzosensand
Adolf-Hitler-Koog

Ansichten und Schnitte 1:100

Ansicht A.

Ansicht B.

Ansicht C.

Ansicht D.

Für die Ausführung:

Entwurfszeichnungen des Architekten Richard Brodersen.

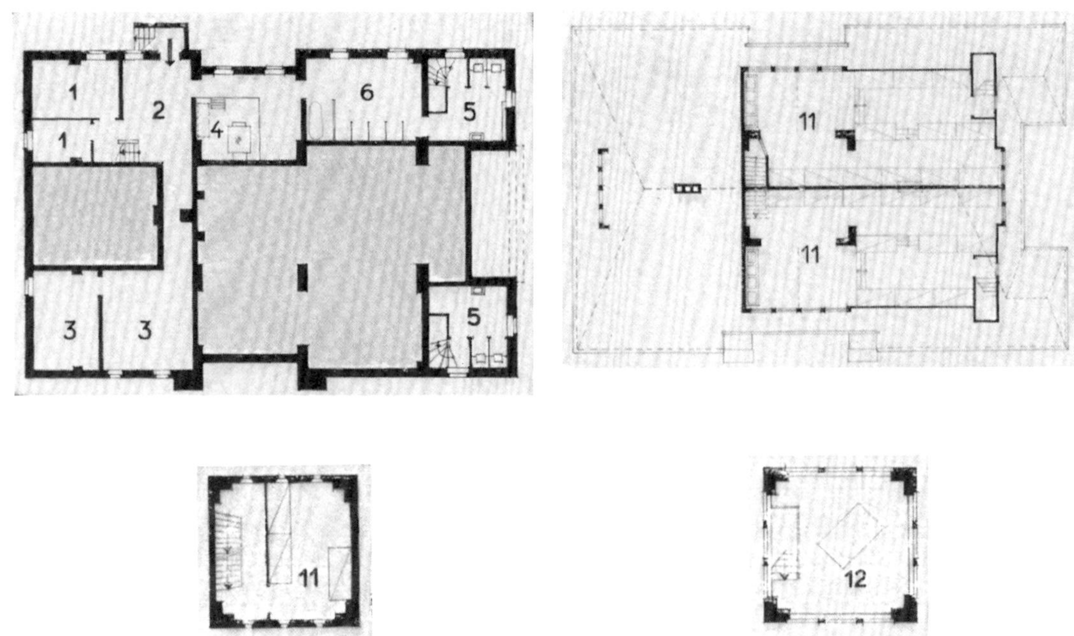

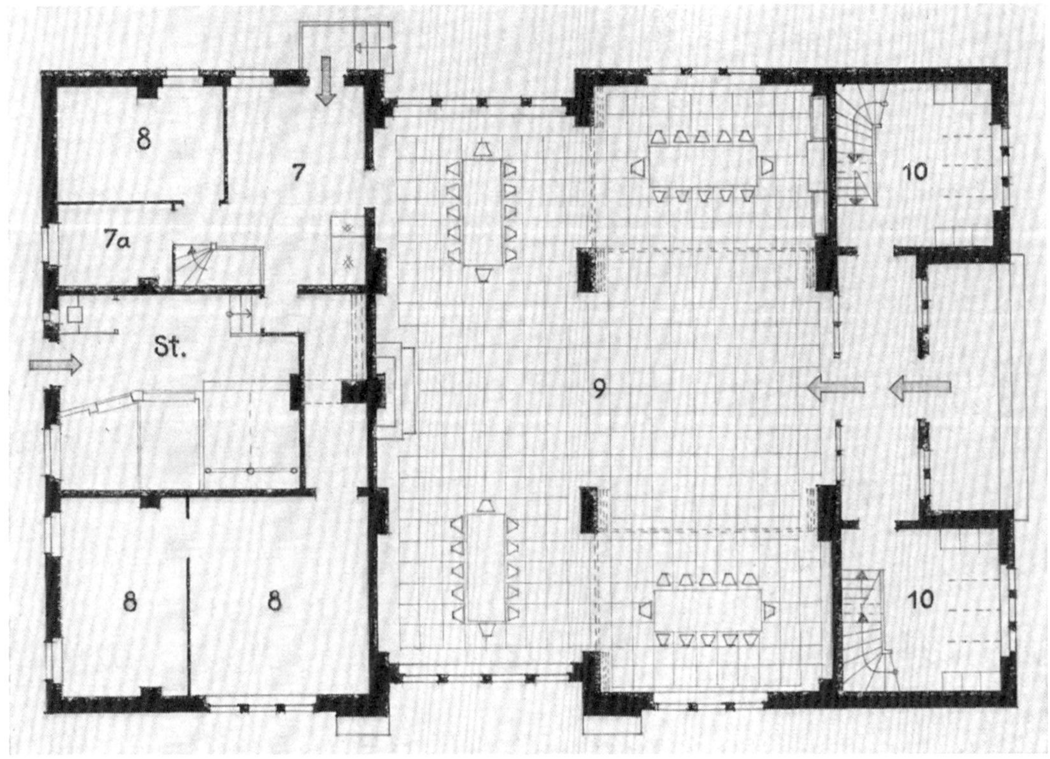

Ursprüngliche Grundrisse – bis zu einem Umbau 1938 noch mit Viehstall.

Untergeschoss:
1 Vorratsräume
2 Waschküche
3 Lagerkeller
4 Heizraum
5 Toiletten
6 Baderaum

Erdgeschoss:
7 Küche
7a Speisekammer
8 Wohnräume für den Wirtschafter
St. Stall
9 Halle
10 Kleiderablagen

Obergeschosse:
11 Schlafräume

Turm:
12 Aussichtsraum mit Kartentisch

Vorhabens nicht sprach. Schließlich machte er Neulandhalle und Koog zum Sinnbild: „Hier ist ein Symbol der Arbeit und des ewigen Ringens, des Fleißes und der Tapferkeit! Niemand darf vergessen, dass unser Reich auch nur ein Koog am Weltmeer ist und das nur Bestand haben kann, wenn seine Deiche stark sind und stark erhalten werden. In diesem Sinne vollziehe ich die Grundsteinlegung."[21]

Innerhalb eines Jahres entstand auf der Warft im Adolf-Hitler-Koog ein Gebäude in den Abmessungen und der Kubatur eines Eiderstedter Haubargs nach Entwürfen des Architekten Richard Brodersen (1880–1968).

Am 30. August 1936 übergaben Reichsminister Hjalmar Schacht (1877–1970) und Gauleiter Hinrich Lohse die Neulandhalle ihrer Bestimmung, und die Inszenierung des Ereignisses erinnerte an das Spektakel ein Jahr zuvor. Die Formationen von Partei, männlichem und weiblichem Arbeitsdienst waren angetreten, SA und SS waren dort, es gab Marschmusik und markige Worte, etwa von Gauleiter Lohse, der der Neulandhalle ihre Einzigartigkeit attestierte: „Wir haben ein Haus, das Wahrzeichen des Kampfes mit dem Meer ist. Hier soll der neue Siedler seine Schulung bekommen. An den Feiertagen der Nation werden sie sich in dieser Halle zusammenfinden. Denn sie haben eine Stätte, wie sie in anderen Kögen nicht gebaut werden kann."[22] Schacht wünschte in seiner Einweihungsrede unter Anspielung auf das Schleswig-Holstein-Lied, die Neulandhalle möge über „deutscher Sitte hohe Wacht" halten. Und Lohse sprach den Namenspatron des Koogs an, rief ihn geradezu an, verlas ein Telegramm, das an Hitler gesandt worden war: Mein Führer! Die Neulandhalle im Adolf-Hitler-Koog, zu der Sie am Tage der Einweihung Ihres Kooges den Grundstein legten, ist heute ihrer Bestimmung übergeben worden. Die Halle soll zu einem gemeinschaftlichen Mittelpunkt für das große Aufbauwerk an der Schleswig-Holsteinischen Westküste werden, für das Sie durch die Vereinigung des deutschen Volkes den Weg freigemacht haben."[23]

Die Neulandhalle war als Landmarke und Aussichtspunkt konzipiert – von dort aus sollte der Blick über das neue Marschland gehen, auf die andere Elbseite und das Wattenmeer, das sich, so mochte man es sich denken, grausilbern und fast unendlich bis an den Horizont erstreckte. Bauherrin war die Höfebank. Richard Brodersen war einschlägig ideologisch grundiert. Er sah „Blut und Boden als eine für immer zusammenhängende Einheit"[24] an und formulierte 1942/43: „Auch für Schleswig-Holstein ist die Frage der Baukultur nicht nur eine Frage des Hausbaues, nicht eine Frage der Landschaft, sondern auch eine Rasse- und Stammesfrage."[25] Diese Gedanken leiteten und qualifizierten ihn auch schon für Entwurf und Ausführung des zentralen Gebäudes

Reichsminister Hjalmar Schacht und Gauleiter Hinrich Lohse bei der Einweihung der Neulandhalle am 30. August 1936.

Architekt Richard Brodersen überreicht den Schlüssel der Neulandhalle an Gauleiter Hinrich Lohse, 30. August 1936.

im Adolf-Hitler-Koog. Sie stellte sich in der Ausführung „nicht mehr in die Tradition des barock gegründeten Backsteinbaus, der ja der Heimatschutzarchitektur ein wichtiges Fundament war," so Hans-Günther Andresen, „sondern geht gleich darüber hinweg – zurück zum dachlastigen ‚Urtyp' bäuerlichen Bauens im Norden, zum niedersächsischen Hallenhaus, das Brodersen in betont hartliniger, ja herrischer Gestalt auf die Warft ‚Franzosensand' hob (die kurzen ‚Flügel' der Eingangsseite spielen offenbar auf die sog. Heckschur altholsteinischer Höfe oder auch auf die übergiebelten Seitentore des Eiderstedter Haubargs an). Derart ‚erhaben' verkörpert sie schon so etwas wie das NS-Prinzip von Herrschaft und Gefolgschaft – und dies in einer Landschaft, die auf ihre freie Bauernrepublik so stolz war."[26] In frühen Entwürfen zur Gestaltung der Siedlungsanlage im neuen Koog war traditionsgemäß auch ein Kirchenbau vorgesehen – zur Ausführung kam er freilich nicht mehr. Die Neulandhalle, die am 30. August 1936 ihrer Bestimmung übergeben wurde, sollte den Siedlern des Kooges ein Ort der Schulung sein. Es war aber auch ein Haus, in denen die herausgehobenen Feiern im Jahres- und im Lebenslauf begangen werden sollten, Sommer- und Wintersonnenwenden, der Maifeiertag und das Erntedankfest ebenso wie Jugend- und Eheweihen. Der damalige Kreisbauernführer Hans Beeck formulierte die Bestimmung der Neulandhalle in seinen Erinnerungen: „Sie soll der kultische Mittelpunkt der gesamten Nordseemarschen werden, aber vor allem des Adolf-Hitler-Koogs."[27] „Die Neulandhalle war im Dritten Reich das erste bauliche Symbol für volksgemeinschaftsfördernde Arbeiten", so Jörn-Peter Biel, „und in kompensatorischer Hinsicht gegen die traditionellen Kirchenbauten."[28] So haben es auch Arbeitsdienstmänner gesehen, die auf einer „Schleswig-Holstein-Fahrt" auch durch den Adolf-Hitler-Koog fuhren: „Ein schöner Backsteinbau (…) Auf rotem Pfannendach sitzt ein…massiger Turmaufbau, von dessen Breitseite das Zeichen der Bewegung grüßt,…Wohl eine neue Gestaltung. Aber tauchte in uns bei der Betrachtung der Neulandhalle nicht eine Erinnerung an die Baukörper romanischer Dome auf? Ist nicht bei beiden germanische Lust am Bauen und germanische Raumgestaltung am Werke? Wir empfanden es so. Der Eintritt in den Feierraum bestärkte diesen Eindruck (…)."[29] Für unbeschwerte Anlässe stand dieser Saal folglich nicht zur Verfügung, „der große Raum der Neulandhalle dient nur Feiern ernsten und erhabenen Charakters", schrieb Ingeborg Christiansen.[30]

Tatsächlich bestimmte die ideologische und kultische Bedeutung des Gebäudes

Ansprache von Reichsminister Hjalmar Schacht spricht zur Einweihung der Neulandhalle.

auch seine Gestaltung. Amtlicherseits war es Besuchern verboten, in der Neulandhalle zu fotografieren, offizielle Bilder aus dem Gebäude hatte der Oberpräsident bei dem Hamburger Architekturfotografen Carl Dransfeld (1880–1941) in Auftrag gegeben. Er und sein Bruder Adolf waren mit Aufnahmen berühmt geworden, die sie 1924 im Auftrag von Fritz Höger (1877–1949) in dem von ihm entworfenen Chilehaus gemacht hatten. Im Jahr der Fertigstellung der Neulandhalle präsentierte auch die Kulturzeitschrift „Nordelbingen" das neue Gebäude mit Dransfeld-Aufnahmen und einem Text von Reinhard Stolze.

Dabei erscheinen diese Architekturaufnahmen wie typische Beispiele dieses Genres „aus der Zeit des Nationalsozialismus, absichtsvoll ohne Menschen und ohne jede Spur alltäglichen Gebrauchs", so Werner Durth, und: „Blicke in eine nagelneue Welt, blitzsauber, zugleich in ungestörter Gegenwart, der Vergänglichkeit scheinbar entzogen. Endgültig. Architektur pur und makellos. Nichts ist in diesen Aufnahmen dem Zufall überlassen. Jedes Bildelement, die Wahl des Ausschnitts und die Perspektive: Alles wurde ebenso streng kontrolliert wie die Elemente der Architektur selbst, die als ‚Worte aus Stein' – so der Titel eines Propagandafilms jener Zeit – ein zentrales und allgegenwärtiges Medium der Politik Hitlers war." Gewiss kann auch für die Neulandhalle gelten, was Werner Durth zur Architektur im Nationalsozialismus analysiert, die in solchen Abbildungen „pur und makellos" präsentiert wurde: „Anschaulich und unausweichlich sollten in der Sprache der Bauten die Grundzüge einer neuen Gesellschaftsordnung erkennbar und deren Regeln lesbar werden: In der stummen Präsenz einer versteinerten Ordnung wären alle Lebensbereiche als von der Staatsmacht durchdrungen und bis in die Formen der Räume als Ausdruck nationalsozialistischer ‚Weltanschauung' erschienen."[31]

„Wegen ihrer hohen symbolischen Bedeutung im Rahmen des Adolf-Hitler-Kooges, wegen ihres weitreichenden Aufgabenkreises, der allen Bewohnern an der Westküste und darüber hinaus letzten Endes dem ganzen deutschen Volke zu Nutz und Frommen dient," so Stolze, „und namentlich auch wegen ihres gediegenen künstlerischen Gepräges darf die Neulandhalle eine eingehende Würdigung und allgemeine Beachtung beanspruchen. Verkörpert sie doch, wie kaum ein anderes Gebäude unseres Landes durch ihren bodenverwachsenen Charakter und durch ihre allseitige harmonische Verschmelzung von Kunst, Architektur, Malerei, Plastik und Kunsthandwerk auf vorbildliche Art den Gemeinschaftsgeist und die kulturbewusste Baugesinnung unserer Zeit."[32] Und Stolze weiter: „Bei dem Bau der Neulandhalle kam es darauf an, in planvoller Zu-

Fertiges Bauwerk unter dramatischem Himmel, um 1936.

sammenarbeit schleswig-holsteinischer Künstler und Handwerker, die durch unsere baukulturelle Entwicklung in den Zeiten vor dem Umbruch nur selten Gelegenheit hatten, in Verbindung mit der Architektur ihr Können zu zeigen, ein Werk zu schaffen, das … seinen besonderen Aufgaben und seiner symbolischen Bedeutung gerecht wurde und nicht zuletzt die Landbevölkerung des Kooges wieder mit echter, von gesundem künstlerischem Geist durchdrungener, bodenständiger Bau- und Wohnkultur bekannt machte."[33] Auch in dieser Aussage wird die ideologische und kulturpolitische Bedeutung der Neulandhalle als Ort der Sammlung, der Versammlung wie auch der mentalen Sammlung, deutlich.

Blick vom neuen Seedeich auf die Koogsanlage und die topografisch herausgehobene Neulandhalle.

BLICK NACH NORDEN: SOLDAT UND ARBEITSDIENSTMANN

Rechts: Bauplastiken an der Nordwand: Entwurf von Richard Brodersen, Gipsmodell vermutlich von Ludolf Albrecht und leicht veränderte Ausführung.

Wer sich dem Haus näherte, erkannte schon aus einiger Entfernung an der Nordwand zwei Figuren, die mit ihrer Höhe von rund vier Metern über die Traufe des Gebäudes hinausragten, zwei nahezu vollplastisch ausgeführte Männergestalten aus Keramik aus der Werkstatt des Bildhauers Ludolf Albrecht (1884–1955) aus Schenefeld bei Altona. Er hatte Silberschmied gelernt und Bildhauerei in München und Hamburg studiert. Seit 1910 arbeitete er als freischaffender Bildhauer und schuf eine Reihe von Kleinplastiken und Kriegerehrenmale. Im Juli 1935 erhielt er nun den Auftrag, innerhalb von vier Wochen zwei Figuren zu entwerfen, die Brodersen in seinem Entwurf zur Neulandhalle offenbar vorgedacht und skizziert hatte. Im Februar 1936 schrieb Albrecht: „Zur Abnahme meiner großen Kerls war neulich der Vizepräsident Schow aus Kiel mit dem Architekten hier. Die Figuren gefielen ihm sehr gut. Jetzt mache ich noch die letzten Feinheiten und dann wird gegipst."[34] In eben diesen Tagen bekannte sich Ludolf Albrecht in einem Beitrag für die Schleswig-Holsteinische Tageszeitung zum Nationalsozialismus: „Ich bin in der glücklichen Lage, seit 400 Jahren meine mütterlichen Vorfahren ununterbrochen an der Westküste ansässig zu wissen und das niederdeutsche Blut meines Vaters durch drei Jahrhunderte nachweisen zu können. So durch Blutserbe ihr verbunden und in ihr aufgewachsen, ist Schleswig-Holstein mir Heimat gewesen und geblieben … Der erkannte unüberbrückbare Gegensatz nordischen und russisch-asiatischen Wesens hat mich zuerst der Rassenfrage zugeführt, die ja die letzte Grundlage echten Heimatgefühls ist. Lange Winterabende im Unterstande unter Austausch von Wissen und Erfahrung ließen mich in die Gedankenwelt Gobineaus[35] und Chamberlains[36] eindringen und die unendliche Wichtigkeit rassischer und völkischer Grundlagen für einen Volkskörper in allen seinen Lebensfunktionen erkennen, bis zu seinen letzten Aeußerungen der Kunst (…). Uns in Norddeutschland ist der nationalsozialistische Kulturgedanke durch die Partei erst sehr spät nahe gebracht worden." Und Albrecht weiter: „Wem der Begriff Heimat nicht nur ein sentimentaler Begriff oder ein Augenerlebnis ist, den packt er mit ganzer Macht, und der muß ein immer härterer und konsequenterer Kämpfer werden, je mehr ihm die Tiefe und Reichweite des Heimatbegriffs offenbar wird. Wo ich in diesem Sinne habe mitarbeiten können oder beauftragt war, in Norddeutschland einen gesunden Aufbau blut- und odengebundener Kunst wieder die Wege zu ebnen, habe ich es bis zum heutigen Tage getan. Bei dieser geistigen Einstellung brauche ich über die innere Haltung meiner Werke zu Heimat, Landschaft und Mensch wohl keine weiteren Ausführungen zu machen, und es ist wohl kein Zufall, dass fast alle meine Arbeiten im Dienste einer Idee, in Einordnung und Unterordnung einer architektonischen oder städtebaulichen Aufgabe und Situation oder sonst auftraggebunden entstanden sind."[37]

Für die Neulandhalle hatte Ludolf Albrecht also zwei Figuren entworfen, die jeweils aus vier Segmenten bestanden, links von den zurückspringenden Mittelfenstern der Nordfassade das Bildnis eines Soldaten, rechts die Darstellung eines Arbeitsdienstmannes[38]. Damit scheint symbolhaft umgesetzt, was Adolf Hitler anlässlich der Grundsteinlegung zur Neulandhalle gesagt hatte – dass das Leben den Menschen nicht als Geschenk geben sei, sondern „dass es stets schwer erkämpft und durch Arbeit errungen werden musste". Die Figuren sind in der Wandsbeker Keramikwerkstatt Meimerstorf gebrannt worden, die sich ab 1920 auf Baukeramik und Architekturplastik spezialisiert hatte; dort waren auch die Arkadenfiguren für das Chilehaus in Hamburg von Fritz Höger gefertigt worden.

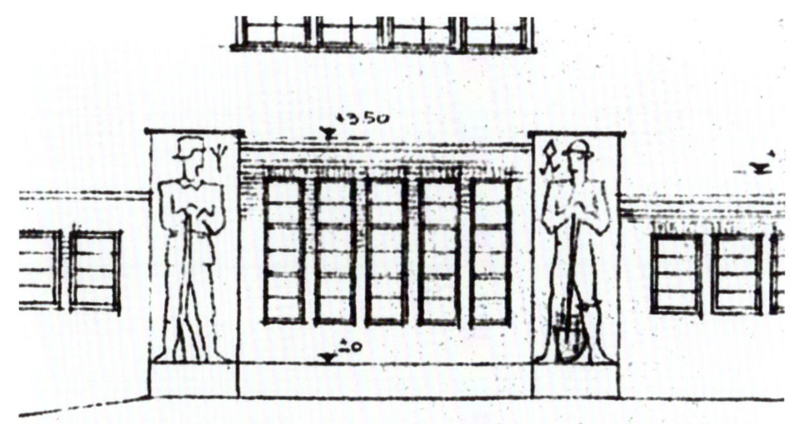

Vorderansicht Neulandhalle - Adolf-Hitler-Koog

Die Darstellung des Soldaten führt die Kampfmetaphorik vor Augen, die Adolf Hitler in seiner Rede am Bauplatz der Neulandhalle einsetzte und die der Weimarer „Staatsrat und Reichskultursenator" Hans Severus Ziegler (1893–1978), einst Sekretär von Adolf Bartels, 1943 bei seinem Besuch im Koog auf die Formel bringen sollte: „Wer dem Meer Land abzuringen vermag, kann jeden Kampf bestehen!"[39] Und mit der hinzugefügten Figur des Soldaten bildet das Figurenprogramm der Neulandhalle die „Kameraden der Pflicht" ab, die sich im „Fahneneinmarschlied zum 1. Mai" im amtlichen Liederbuch des Reichsarbeitsdienstes wiederfinden: „Arbeiter, Bauern, Soldaten, schürt euer Feuer im Herd, / hämmernd schmiedet die Taten mit Pflug und Meißel und Schwert. / Dome erstehen aus Hallen, schwingen in ehernem Ton. / Wir alle kämpfen und fallen in einem Glauben, Nation!"[40] In seiner

Blick auf die Bauplastiken aus Keramik, dargestellt sind Soldat und Arbeitsdienstmann, gefertigt vom Bildhauer Ludolf Albrecht.

Ausschnitte aus dem Gipsmodell, das die Nordwand der Neulandhalle zeigt, gefertigt vermutlich vom Bildhauer Ludolf Albrecht.

grundlegenden Studie über den ersatzreligiösen „braunen Kult“ als Mittel zur Lenkung der Gefühle der Bevölkerung im Nationalsozialismus weist Hans-Jochen Gamm darauf hin, dass „die drei proletarischen Gruppen Arbeiter, Bauern und Soldaten“ der russischen Oktoberrevolution entlehnt seien. „Der Inhalt zeigt aber,“ so Gamm, „daß von der internationalen Kampfbereitschaft, die für eine als besser verstandene Welt eintritt und die Weltrevolution anstrebt, nichts bleibt. Alles wird völkisch festgelegt. Das Lied betreibt primitive Geschichtsphilosophie.“[41] Diese Geschichtsphilosophie scheint auch ihren Ausdruck an und in der Neulandhalle in den figürlichen und bildlichen Darstellungen von Arbeiter, Bauer und Soldat gefunden zu haben.

„Jetzt mache ich noch die letzten Feinheiten und dann wird gegipst“, hatte der Bildhauer Ludolf Albrecht geschrieben und es deutet vieles darauf hin, dass das Gipsmodell seiner zwei Bauplastiken sich bis auf den heutigen Tag erhalten hat. Bewahrt wurde es auf einem Bauernhof im heutigen Dieksanderkoog, auf dem zum Besuch Hitlers am 29. August 1935 eine Ausstellung aufgebaut worden war.[42] Diese Ausstellung war bestückt mit Modellen, die der Architekt Ernst Prinz zur Verfügung gestellt hatte, mit Bildern und Kartenmaterial aus dem Kreisarchiv, etwa Karten, die der Domänenrat Leopold Müllenhoff Ende des 19. Jahrhunderts erstellt hatte, um die Küstensituation um den Friedrichskoog zu dokumentieren. Der damalige Kreisbauernführer Hans Beeck, der Hitler bei seinem Besuch an jenem Tag begleitete, überliefert, dass es aber in der Ausstellung auch um die zu bauende Neulandhalle ging, er notierte über den Besuch auf dem Bauernhof: „Hier war auf der Diele eine Ausstellung zusammengestellt mit Karten, Plänen und Modellen des Kooges, der Häuser und der neu zu errichtenden ‚Neulandhalle'".[43] Insoweit ist es denkbar, dass das nicht näher bezeichnete oder erkennbar signierte Gipsmodell von Ludolf Albrecht ‚gegipst' worden ist.

Nach den Eröffnungsfeierlichkeiten im Koog zeigte das Dithmarscher Landesmuseum in Meldorf ab dem 11. September bis Ende Oktober 1935 die Ausstellung „Das Werden des Adolf-Hitler-Koogs", die unter der Regie von Alfred Kamphausen (1906–1982) konzipiert worden war. Zu sehen waren wiederum Modelle, Karten, Fotos und Aquarelle des Künstlers Willy Graba, die dieser als Auftragsarbeiten gefertigt hatte und die Situationen aus der Besiedlung des Kooges zeigen[44]. In einem Pressebericht dazu hieß es: „Gestern nachmittag wurde vor einem sehr zahlreichen Publikum die Ausstellung über den Adolf-Hitler-Koog im Dithmarscher Landesmuseum eröffnet. Einleitend sprach Herr Landrat Dr. Kracht über die Bedeutung des Adolf-Hitler-Koogs, die sich schon darin zeigt, dass der Führer den Grundstein zur Neulandhalle legte. Damit erscheint diese Koogsgemeinschaft als eine Kulturgemeinschaft und dieses Werden einer neuen Gemeinschaft die auf den Namen des Führers verpflichtet ist, deutet sich auch in der Bebauung an." Im Oktober 1935 berichtete die Dithmarscher Landeszeitung darüber, dass die Ausstellung sich eines „überaus guten Besuches" erfreuen konnte und dass „die Mehrzahl der Gegenstände für eine spätere Abteilung des Marner Museums vorgesehen" seien, „da dort in Marne das Thema Anlandungen, Eindeichung und Landgewinnung in Dithmarschen behandelt werden soll." In Marne ist freilich eine solcher Museumsanbau als eine Art ‚Koogsmuseum' oder im bestehenden Heimatmuseum eine solche Abteilung nicht aufgebaut worden.[45] Bevor die Modelle zur Besiedlung des Adolf-Hitler-Koogs, darunter das

Arbeitsdienstmann mit dem Spaten angetreten: Links die Figur von Ludolf Albrecht, rechts eine Abbildung aus den Exerziervorschriften des Arbeitsdienstes.

Übersicht über das Arbeitsdienstlager in Marne: Barackenanlage rund um einen Exerzierplatz.

Das Marner Arbeitsdienstlager war nach Otto Streibel benannt, einem Nationalsozialisten, der 1929 in Wöhrden bei einer Auseinandersetzung mit Kommunisten getötet worden war.

Modell von Ernst Prinz, das den Siedlungskern des Koogs darstellt, für die Ausstellung im Koog selbst und dann für das Dithmarscher Landesmuseum zur Verfügung standen, waren sie in Hamburg auf einer Ausstellung des Reichsnährstands und danach in der Reichsführerschule des Arbeitsdienstes in Potsdam gezeigt worden.[46] Nur das Gipsmodell von Ludolf Albrecht ging nicht auf Reisen.

Die beiden überlebensgroßen Keramik-Figuren von Ludolf Albrecht standen leicht erhöht auf Sockeln, Betrachter sahen sie aus der Untersicht, was die Plastiken noch größer erschienen ließ, als sie ohnehin schon waren. Der Soldat, mit Stahlhelm auf dem Kopf, umgeschnalltem Seitengewehr und Patronengürtel, hielt sein Gewehr mit beiden Händen fest. Er stand mit gespreizten Beinen standfest und

wirkte kampfbereit, entschlossen, den Boden mit Waffengewalt zu verteidigen. In Brodersens Skizze ist der Figur des Soldaten eine Algiz-Rune zugeordnet, die in der nordischen Mythologie für Schutz und Verteidigung steht. Der dargestellte Arbeitsdienstmann in Uniform samt Schirmmütze blickte nicht minder ernst und kampfbereit. Er ist in „Habt Acht!"-Stellung dargestellt, die bei längerem Stillstehen, etwa bei Ansprachen, eingenommen werden konnte: Das Spatenblatt in der Mitte beider Füße in der Höhe der Fußspitzen, die eine Hand umfasst den Spatengriff von oben, die andere greift jener um das Handgelenk. Damit folgt die Figur dem Reglement, das für den Reichsarbeitsdienst festgeschrieben wurde und das weiterhin bestimmte: „Die Hände dürfen den Spatengriff nicht verlassen und müs-

Mit dem LKW wurden NS-Arbeitsdienstmänner aus dem Marner Lager an ihren Einsatzort im Adolf-Hitler-Koog transportiert. Aus dem Album des Arbeitsdienstmanns Heinrich Möller.

Arbeitsdienstmänner im Koog, einer mit Hakenkreuz aus Wattschlick auf der Brust, zu einem Erinnerungsfoto aufgestellt. Aus dem Album des Arbeitsdienstmanns Heinrich Möller.

sen still gehalten, der Kopf darf nicht gesenkt werden."[47]

Die Figur des Arbeitsdienstmanns hatte – als Hüter des Deiches – den Spaten fest in der Hand und blickte, die trutzige Neulandhalle im Rücken, den Gefährdungen von Sturm und Schicksal entgegen. Der Arbeitsdienstmann hatte das erarbeitet, was es nun zu schützen galt. Brodersen hatte ihm in seiner Entwurfszeichnung eine Odal- oder auch Othila-Rune zugeordnet, Sinnbild für Erwerb und Erbe. Beide Figuren wurden überspannt und dadurch optisch zusammengefasst durch einen Reichsadler an der Nordseite des turmartigen Aufsatzes auf dem Dach des Gebäudes. Mit einer Spannweite von drei Metern und einer Höhe von fast 1,50 Metern, entworfen vom Flensburger Bildhauer Hermann Sörensen und aus Kupfer getrieben vom ebenfalls in Flensburg ansässigen Schlossermeister Johannes Gries.

Die herausgehobene Darstellung eines Arbeiters des Arbeitsdienstes an der Neulandhalle liegt angesichts der maßgeblichen Beteiligung des freiwilligen NS-Arbeitsdienstes, des weiblichen wie männlichen Reichsarbeitsdienstes an der Siedlungsmaßnahme Adolf-Hitler-Koog, am Bau der Neulandhalle und bei der Unterstützung von Siedlerfamilien nahe[48]. Ein Mann namens Heinrich Möller war offenbar einer dieser Arbeitsdienstmänner. Wir wissen so gut wie nichts über ihn, nicht, woher er gekommen war, nicht, wie lange er Angehöriger des Arbeitsdienstes war, ob er Soldat wurde und den Krieg überlebte. Eine Spur, die ihn mit der Neulandhalle verband, hatte sich in einem schleswig-holsteinischen Antiquariat erhalten. In einer Mappe hinterließ dieser Heinrich Möller Zeitungsausschnitte, in denen über Arbeiten des Arbeitsdienstes an der schleswig-holsteinischen Nordseeküste berichtet wurde, hinterließ Schriften des Arbeitsdienstes und ein Fotoalbum mit Aufnahmen. Diese Fotos aus dem Arbeitsdienstlager Marne der Abteilung 5/74 sowie von Einsätzen im Adolf-Hitler-Koog sind sicherlich für das private Erinnerungsalbum gedacht, sind Schnappschüsse mit ungewöhnlichen Perspektiven. Die Aufnahmen zeigen die Arbeitsdienstmänner mit dem LKW auf dem Weg zum Einsatzort am Deich, bei Arbeiten im Vorland, beim Abtragen der Sommerdeiche und auch beim Baden an der neuen Seeschleuse am Hafen des Koogs. Dokumentiert ist in Möllers Fotoalbum unter anderem, wie im Lager angetreten wird, wie Musikzüge sich bei mäßigem Wetter in Bewegung setzen. Es sieht so aus, als wären dies Vorbereitungen für den Aufmarsch am Bauplatz der Neulandhalle, und es liegt nahe, dass dieser Arbeitsdienstmann dabei war, als Adolf Hitler am 29. August 1935 den Koog besuchte, denn Möllers Fotos zeigen auch die fertig gestellte Tribüne am neuen Seedeich, von der aus Hitler einen Blick über das Wattenmeer werfen sollte, zeigen den hergerichteten Bauplatz der Neulandhalle und eine Aufnahme von Hitler, offenbar auf dem Weg zur Grundsteinlegung der Neulandhalle. Dazugelegt in Möllers Mappe fand sich ein 20seitiges Erinnerungsheft mit Selbstgedichtetem und Selbstgeschriebenem von Arbeitsdienstmännern des „Arbeitsgaus VII", der Schleswig-Holstein, Hamburg und ‚Lübeck Land' umfasste. In diesem Erinnerungsblatt aus dem September 1935 wird von Hitlers Besuch im Koog berichtet, mit Pathos und Sinn für Dramatik: „Wolken ziehen träge und schwer über die Marsch. Tieferliegende Wolkenschleier jagen schnell vorüber, und schräg peitscht der

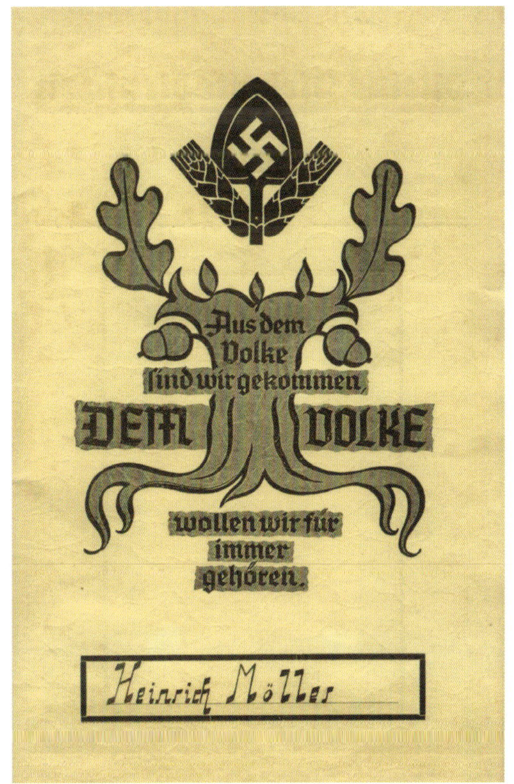

Titelblatt des Erinnerungsalbums des Arbeitsdienstmanns Heinrich Möller mit Aufnahmen aus dem Lager Marne und von den Einsatzstellen im Adolf-Hitler-Koog.

Aussichtsplattform auf dem neuen Seedeich. Erinnerungsfoto mit Arbeitsdienstmännern.

Arbeitsdienstmänner beim Abtragen eines Sommerdeichs im neuen Adolf-Hitler-Koog.

allmählich zum Sturm anschwellende Wind uns Wartenden den Regen ins Gesicht. Formation steht neben Formation, unsere Ehrenabteilung und all die Arbeiter, die an dem Werk mitschufen, die alten Kämpfer Dithmarschens, Jungens und Mädels und die geladenen Ehrengäste. Sie warten und warten, Stunde um Stunde vergeht, immer anhaltender wird der Regen und immer heftiger der Sturm. Reißt Fetzen der wehenden Fahnen herunter und peitscht die Wellen immer gewaltiger an dem vor uns liegenden Außendeich empor. Sturm, Wolken und das aufgewühlte Meer spielen eine großartige Symphonie der Natur! Es ist, als wollte sie selbst uns noch einmal die Größe des Geschaffenen jetzt vor Augen führen. Wie wahre Musik wirkt dieses grandiose Vorspiel auf uns, macht uns innerlich weit und groß für das Kommende, schweißt uns innerlich noch fester zusammen, uns, die wir, vom Regen durchnäßt, warten und warten. – Ein Lied klingt auf, als das Spiel am tollsten wird! Singend warten sie auf Dich, in Sturm und Regen!" Eine Szenerie wie eine Prüfung durch die Gewalten der Natur, die die Anwesenden über sich ergehen lassen mussten – um dann singend das Erscheinen desjenigen zu erwarten, der sie aus dieser Situation erlösen kann. Tatsächlich fährt der Bericht fort: „Plötzlich zerreißt der Sturm die Wolken … die Sonne! Wir schauen hinauf – da – ein Raunen durchläuft die Reihen: Der Führer kommt! Ein Durcheinander von Kommandos – alle stehen wie ein Block. Die Wagenkolonne kommt heran, fährt vorbei – nach dem Deich! Langsam geht der Führer hinauf, schaut hinunter auf das weite, stürmende – und dennoch von diesen Menschen bezwungene Meer…" Hitler schien, so ist hier zu lesen, mit den Mächten der Natur im Bunde und die Sonne zeigte sich bei seinem Erscheinen, – es hätte kaum wunder genommen, wenn auch das tosende Meer sich beruhigt hätte, wenn Hitler es nur gewollt hätte. „Die Wagenkolonne kommt zurück, hält…Ein

Schauspiel zur Idealisierung des NS-Arbeitsdienstes von Karl Weise, Berlin 1934.

paar Sekunden, denkst Du und ich, wir alle, und der Führer wird Dir ins Auge sehen. Und dann kommt der Führer heran, hält ein wenig in seinem Weg inne, lacht froh ein wenig – ja, wir fühlen es alle, Du bist stolz auf uns! – sieht uns fest und ernst an – Führer, wir Jungen wissen um unsere Aufgabe – geht dann langsam weiter, sein Blick traf jeden einzelnen von uns und geht dann weiter zu all den anderen, die mit uns waren und mit uns warteten…Dieser Augenblick, als Du innehieltest auf Deinem Weg und uns ansahst, er schweißte uns fester an unseren Weg…"[49] – Der Bauplatz der Neulandhalle wurde hier zum Schauplatz eines quasi-religiösen

Aufnahmen aus dem Arbeitsdienstlager Marne. Vermutlich zeigen sie die Vorbereitungen ...

Ereignisses, das die Gefolgsleute auf ihren Anführer verpflichtete.

Die historische Konstellation eines Arbeitsdienstlagers, von dem aus die Dienstmänner als „Arbeitssoldaten" zu Arbeiten aufbrechen, um Land zu gewinnen, dass dann Bauern zur Besiedlung und Bewirtschaftung übergeben wird wie im Adolf-Hitler-Koog, ist in einem Schauspiel von Karl Weise[50] 1934 dargestellt worden. Weise gab seinem „Spiel vom deutschen Arbeitsdienst" den Titel „Erlöste Erde" und überhöhte die Landgewinnungsarbeiten, indem er auf den religiösen Zentralbegriff der Erlösung anspielte. Für den Autor bildet sich die nationalsozialistische Utopie der Volksgemeinschaft im NS-Arbeitsdienst: „Da sind nicht nur Arbeitslose, sondern Studenten, Handwerker, Kaufleute und Bauernsöhne. Es geht um die Gemeinschaft des Volkes, um die Erringung der Brotfreiheit durch Urbarmachung und Landgewinnung."[51] Und auch bezogen auf die Landwirtschaft evoziert Weise religiöse Bilder, wenn er einen Bauern zu einem Bank-Prokuristen sagen lässt: „Wir kennen die Gesetze des freien Bauern auf freier Scholle – für uns gelten die Gesetze nach Blut und Boden – meine Herren – die kennen Sie nicht – aber in uns leben sie! Unser Führer hat sie mit leuchtenden Fanalen wieder auf den Altar des deutschen Rechts gestellt – noch sind sie nicht an Stelle eurer Gesetze getreten, aber wir nehmen sie schon heute in Anspruch!“[52] Das Stück gipfelt in der Ermahnung der Bäuerin, deren Hof nach dem germanischen Donnergott „Thorshof“ heißt: „Und wisse, die Kräfte des deutschen Menschen kommen aus Scholle und Blut! Wenn du deinen neuen Acker als junger Bauer betrittst, dann sprich das Gebet deines Lebens; Allvater, – du – und meine Erde – und mein Volk! Und wir auf dem alten Thorshof, wir wollen werken und schaffen, daß einst unsere Nachfahren von uns sprechen werden: Wir haben ein gesegnetes Erbe angetreten.“ Den Schlusssatz des Schauspiels dann sprechen die Arbeitsdienstmänner, die dem jungen Bauern den Hof auf dem Neuland erarbeitet haben und nun den Allerhöchsten anrufen: „Und

Du, Gottvater, segne die erlöste Scholle![53] Reichsarbeitsführer Konstantin Hierl wird diese Haltung auf dem Reichsparteitag der NSDAP 1937 in Nürnberg auf

... zur Feier am Bauplatz der Neulandhalle am 29. August 1935.

Hergerichteter Bauplatz auf der Warft Franzosensand. Der Glockenturm ist bereits errichtet.

eine einfache Formel bringen: „Indem wir so (...) unserem Volke dienen, glauben wir auch Gott zu dienen...Damit wird unser Arbeitsdienst im tiefsten Sinne auch zum Gottesdienst."[54]

Die Bedeutung der Neulandhalle als Symbolbau für den Arbeitsdienst – und seiner religiösen Überhöhung – und dadurch in gewisser Hinsicht auch für die „Arbeiterpolitik" des Nationalsozialismus wurde gleichsam beglaubigt in einer populären Veröffentlichung, die zu Hunderttausenden in Deutschland verbreitet war: Der Cigaretten-Bilderdienst Hamburg-Bahrenfeld veröffentlichte 1936 das großformatige Sammelalbum „Adolf Hitler – Bilder aus dem Leben des Führers", zu dem Joseph Goebbels als Reichsminister für Volksaufklärung und Propaganda ein Vorwort beisteuerte, in dem er deutlich machte, dass auch dieses Sammelalbum,

Der Bauplatz der Neulandhalle ist zur Grundsteinlegung mit Fahnen und Girlanden geschmückt. Aufnahme aus dem Album des Arbeitsdienstmanns Heinrich Möller.

in dem , so Goebbels, „nächste Mitarbeiter und älteste Kampfgenossen“ Hitlers Beiträge schrieben, die ihn „täglich aufs neue bewundern“. Das Album, das nach Goebbels dazu beitragen sollte, Hitler einen „breiten Zugang zu den Massen der deutschen Leserschaft aufzuschließen“, versammelt Beiträge von prominenten NS-Autoren, allesamt führende nationalsozialistische Politiker. Die Abbildungen zu den Beiträgen wurden von „Reichs-Bildberichterstatter der NSDAP, Heinrich Hoffmann, München“ ausgewählt und waren zumeist wohl auch von Hitlers Leibfotografen aufgenommen worden. Jedes Kapitel wird über der Überschrift mit einem Symbolbild eingeleitet. Das Kapitel „Der Führer als Staatsmann“ beispielsweise, das unter dem Namen von Goebbels erschien, zeigt zum Auftakt eine Aufnahme von Hitler beim Neujahrsempfang des diplomatischen Korps 1934. Das Kapitel „Der Führer und die Künste“, ebenfalls ein Namensbeitrag von Goebbels, startet mit einem Bild von Hitler bei einem Konzert in der Berliner Philharmonie unter der Leitung von Wilhelm Furtwängler. Der „Generalinspektor für das Strassenwesen“ Fritz Todt beispielsweise stellt „Adolf Hitler und seine Strassen“ vor mit einem Auftaktbild, das Hitler auf der neuen „Alpenstrasse“ zeigt. Und das Kapitel „Der Führer und der deutsche Arbeiter“ von Robert Ley, Leiter der Deutschen Arbeitsfront, beginnt mit einem Foto, das zeigt, wie Hitler den Grundstein zur Neulandhalle legte.

Der Führer legt die Grundmauer zum Versammlungshaus im Adolf-Hitler-Koog

Der Führer und der deutsche Arbeiter

Von Dr. Robert Ley

Der Wandel, der im deutschen Volke vor sich gegangen ist, seitdem der Nationalsozialismus es eroberte, prägt sich am deutlichsten in der Einstellung aus, die der Arbeiter zum neuen deutschen Staate einnimmt, und in der Bewertung, die der Arbeiter und die Arbeit in ihm erfahren.
Das Arbeitertum als Klasse bildete sich zu einer Zeit, als liberalistische Gedanken anfingen, die Gedankenwelt Europas zu beherrschen. Der Liberalismus hat von jeher Arbeit als etwas Unsympathisches, ja fast als etwas Entehrendes aufgefaßt. Sein höchstes Ideal war, von der Arbeit anderer zu leben. Das erstrebenswerte Ziel eines Menschen lag nicht mehr darin, mitzubauen an der Zukunft des eigenen Volkes, mitzuschaffen und Freude an der Tätigkeit zu empfinden, sondern möglichst rasch den unsympathischen Zustand, arbeiten zu müssen, hinter sich zu bringen, um dann als Rentner und Coupon-Inhaber zu leben, allerhöchstens noch Geld aus der Verwaltung von Liegenschaften oder dem Zwischenhandel zu ziehen. Es ist selbstverständlich, daß bei einer solchen Lebensauffassung es auch zu einer Abstufung der Arbeit kommen mußte, und wir können die

56

Seite aus dem weit verbreiteten Zigarettenbilder-Sammelalbum: Das Bild zeigt Adolf Hitler bei der Grundsteinlegung zur Neulandhalle.

FLAMMENALTAR UND GERMANENSCHWERT

Wer das Innere der Neulandhalle betrat, kam im Zentrum des Erdgeschosses in den zentralen Versammlungsraum, der nicht wie die Diele eines Bauernhauses wirkte und auch nicht funktional wie ein Versammlungssaal, sondern eine weihevolle, feierlich-sakrale Atmosphäre ausstrahlte. Man betrat die Halle wie eine Kirche von Westen her und schaute in Richtung Osten. Bestimmend für den Raum war seine Ostwand, die vier Wandbilder des Künstlers Otto Thämer zeigte.

Dort, wo in Kirchen üblicherweise der Altar steht, dem Eingang gegenüber an der Ostwand, steht in der Neulandhalle ein Kamin aus Ziegelsteinen, der das Feuer birgt – buchstäblich ein „Flammenaltar". Dies lässt an Opferfeuer oder an die vorchristliche „Heilighaltung des Herdfeuers" denken. Auch im Zusammenhang mit der Besiedlung des Adolf-Hitler-Koogs sprachen die offiziellen Stellen gern von „Feuerstellen" statt von Gebäuden, die im neuen Ort entstanden. Der von Hermann Sörensen gestaltete keramische Rauchabzug zeigte ein Relief, „ein Germanenschwert, das zu beiden Seiten seiner aufwärts gerichteten Klinge je vier Weizenähren hat". Das Schwert und die Kornähre im Hakenkreuz waren das Symbol für den Reichsnährstand, Schwert und Ähren stehen hier als Sinnbilder für Blut und Boden, als Symbole für den Kampf und die Wehrhaftigkeit der Siedler, für ihre Verwurzelung in dem Boden, den sie bearbeiteten und der ihnen Nahrung lieferte.

Die gesamte Inneneinrichtung – der gewebte Wandbehang der Marner Weberin Else Schröder, die eisernen Leuchter von Dorfschmied Ernst Holm, die Tische und Stühle von Hermann Sörensen, die Messingleuchter des Flensburger Klempners Wilhelm Jensen – entsprach dem nationalsozialistischen Kunst- und Schönheitsvorstellungen: handgearbeitet, aus schweren Materialien wie Eichenholz, Schmiedeeisen und Webstoffen. An der Finanzierung der Innenausstattung der Neulandhalle war Adolf Hitler vergleichsweise unmittelbar beteiligt. „Im Auftrage des Führers und Reichskanzlers", so schrieb der Chef der Reichskanzlei an Gauleiter Lohse im April 1936, „stelle ich für die Innenausstattung der Neulandhalle im Adolf-Hitler-Koog 15.000,00 RM zur Verfügung." „Der Führer und Reichskanzler", so hieß es öffentlich und offiziell, „hat auch nach der Grundsteinlegung der Neulandhalle dem Werk während seines Entstehens starke Förderung zuteil werden lassen."[55]

Rechts:. Wappenfenster der Firma Puhl & Wagner für das Erdgeschoss der Neulandhalle.

Für die Fenster gab Brodersen zunächst zwei vierteilige Fenstergruppen in Glasmalerei und Bleiverglasung, aus gewischtem und patinierten Antikglas in hellen Tönen, bei der Firma August Wagner – Vereinigte Werkstätten für Mosaik und Glasmalerei in Berlin-Treptow in Auftrag.[56] Die Fenster waren mit den Stadtwappen von Marne und Meldorf geschmückt. Brodersen hatte sich auch bei diesem Lieferanten für eine der ersten Adressen im Deutschen Reich entschieden. Nach 1933 besaß das Unternehmen die Gunst der Nationalsozialisten. Die Vereinigten Werkstätten für Mosaik und Glasmalerei erhielten in der Folgezeit eine Reihe von Aufträgen für sehr repräsentative Gebäude, etwa 1935 für das Haus der Kunst in München, 1936 für das Reichsluftfahrtministerium in Berlin und 1937 für den Tribünenbau des Reichsparteitagsgeländes in Nürnberg. Es folgten Aufträge zur Ausstattung des KdF-Schiffs Wilhelm Gustloff und 1939 für Mosaiken im Reichsehrenmal Tannenberg und die Neue Reichskanzlei in Berlin. In jenen Jahren korrespondierte auch Brodersen mit der Werkstatt über weitere Wappenfenster für die Neulandhalle. Er konnte unter dem 7. April 1941 berichten: „Erfreulicherweise haben sich eine ganze Reihe unserer Städte an der Westküste bereit erklärt, ihre Wappen für die Fenster der Neulandhalle zu stiften."[57] In Berlin wurden die gläsernen Wappen der Städte bestellt, die ihren Tribut an den

Dransfeld-Aufnahmen aus dem Innern der Neulandhalle. Hier Blick auf den abgeteilten Frauenraum. Auf dem Sims in der Bildmitte Darstellung eines Pflügers von Otto Thämer, auf den Simsen links und rechts niederdeutscher Sinnspruch. An der Decke sind zwischen den Balken Ornamente von Franz Frahm-Hessler zu erkennen.

Adolf-Hitler-Koog leisteten, es waren Husum, Heide, Friedrichstadt, Tönning, Wesselburen, Niebüll, Bredstedt, Tating, Garding, Westerland/Sylt, Wyk/Föhr, Krempe, Wilster, Itzehoe, Brunsbüttel und Burg/Dithmarschen. Dann musste Brodersen den Auftrag „Wappen für die Fenster in der Neulandhalle im Adolf Hitler-Koog“ korrigieren: „In der oben genannten Angelegenheit bitte ich, davon Kenntnis zu nehmen, dass sowohl Niebüll als auch der Ort Tating ein Wappen nicht besitzt. Sie werden daher gebeten, für Niebüll und Tating zwei andere Wappen zu nehmen, und zwar 1.) der Stadt Tondern (z.Zt. zwar abgetrennt von der Provinz) und 2.) das … nordfriesische Wappen.“[58] Schließlich wurden die Wappen geliefert – und doch blieb ein Wunsch Brodersens offen, so dass er am 9. Februar 1942 schrieb: „Nachdem ich festgestellt habe, dass die von Ihnen sehr gut ausgeführten Wappen alle heil angekommen sind, muss ich feststellen, dass das Wappen der Stadt Glückstadt vergessen worden ist. Wenn ich mich nicht irre, hatte ich seinerzeit, vor einem Jahr ungefähr, zuerst nur wegen Glückstadt mit Ihnen korrespondiert. – Jedenfalls muss das Wappen der Stadt Glückstadt auch noch angefertigt werden, und ich möchte Sie daher bitten, die Lieferung dieses Wappens schleunigst nachzuholen."[59] Im März konnten die Vereinigten Werkstätten für Mosaik und Glasmalerei auch das Glückstädter Wappen anliefern.[60]

Der Hamburger Bildhauer Carl Schümann schnitzte aus einem Teil eines Eichenbalkens aus einem Hamburger Abbruchhaus einen in den Gesichtszügen nordisch überzeichneten Porträtkopf Hitlers für den sogenannten Ehrenraum, der sich von der Versammlungshalle abtrennen ließ. „Die vom Willen gestrafften mannhaften Gesichtszüge, die denkerisch konzentrierte Stirn, der sprechende, ausdruckstark geformte Mund, die großen faszinierenden, unbeirrt blickenden Augen lassen in der Büste die tatkräftige Führerpersönlichkeit erkennen",[61] so die Interpretation Stolzes aus dem Jahr 1936. Schümann stammte ursprünglich von der Hallig Hooge und war zunächst Schiffszimmermann. Dann schloss er eine Bildhauerausbildung an. „Aber der Weg des Künstlers geht nicht immer glatt vorwärts. Carl Schümann musste sich aus der Welt in die Einsamkeit der Hallig zurückziehen, bis er im Künstlerheim an der Außenalster ein Unterkommen fand. Hier wohnte er mit dem niederdeutschen Maler Otto Thämer zusammen, und es gelang ihm, sich durchzusetzen."[62] Der Maler Franz

Blick auf den Männer- oder Ehrenraum mit Hitler Büste, Hitler Rede und Bücherwand.

Repräsentative Ostwand des Saals mit Kamin als „Flammenaltar".

Gewebter Wandbehang, hölzerne Truhe - häusliches Interieur im Frauenraum.

Frahm-Hessler[63] (1898–1990) hatte verschiedene Sinnsprüche, etwa den allerersten Grundsatz der Landgewinnungsphilosophie: „De ni will dieken mutt wieken", über den Türsims des Eingangs geschrieben.

Über dem Türsims aus der Halle in den Männerraum hinein stand zu lesen: „Recht blifft doch Recht. Un frie Lüd ward keen Knecht. / Un slau blifft uns Woort: Up ewig ungedeelt uns' Art!", schaute man aus dem Männerraum in Richtung Saal, stand dort: „Acht Stunn Arbeit is nie good, denn hebbt wi un de Stadt keen Broot. / Wenn wi abers düchtig schafft, denn hett dat ganze Volk ook Kraft".

Und für die Frauen, die aus dem Saal in den Frauenraum gingen, gab es den Rat: „Dat Gude lehren, sick ant Slechte ni kehren. / De Hann flitigt rögen, denn Nacken ni bögen. / Hatt rein, Ogen blank: so kummst du good lang!". Tatsächlich sollten die Frauen in der Neulandhalle in Ausfüllung traditioneller Rollenbilder jedoch Gelegenheit haben, den Nacken zu beugen und die Hände zu rühren: „Als erstes versucht man, die alte Kunst des Spinnens und Webens wieder aufleben zu lassen," schreibt Ingeborg Christiansen, und: „Vier Webstühle und sieben Spinnräder stehen in der Webereiabteilung der Neulandhalle. Die Siedlerfrauen kommen hier zusammen und erlernen die Kunst, die einst in allen Bauernstuben heimisch war. Die Schafe des Kooges geben die Wolle. An den langen Winterabenden wird daraus am surrenden Spinnrad das Garn gesponnen und am klappernden Webstuhl reiht sich Faden an Faden zu nutzbaren Stoffen. Es ist ein ansprechendes Bild, die Frauen geschäftig am Spinnrad und Web-

Blick in Richtung Osten. Die Tafel unter der linken Wandleuchte markierte die Stelle, an der Adolf Hitler die Grundsteinkassette vermauert hatte.

stuhl zu sehen. Sicher ist, dass Spinnabende und Spinnstube nicht nur die Gemeinschaft pflegen und das neue Brauchtum, sondern auch viel gutes, altes Brauchtum, Lied, Sage und Märchen wieder lebendig werden lassen."[64]

Der damalige Kreisbauernführer Hans Beeck hatte seine Erlebnisse am Tag der Grundsteinlegung zur Neulandhalle bald nach den Ereignissen zu Papier gebracht, und in seinen Erinnerungen wird deutlich, dass es nicht darum ging, mit der Neulandhalle eine Art Dorfgemeinschaftshaus oder einen funktionalen Mehrzwecksaal zu schaffen, denn Beeck schrieb: „Sie soll der kultische Mittelpunkt der gesamten Nordseemarschen werden, aber vor allem des Adolf-Hitler-Koogs." Mit anderen

Blick in Richtung Westen auf den Ausgang, auf dem Türsims: „De ni will dieken mutt wieken."

Das Goldene Buch des Adolf-Hitler-Kooges, ausgelegt im Ehrenraum der Neulandhalle

Zeitgenössische Postkarte zeigt den „Hitler-Schrein" im Ehrenraum. Ausgelegt ist das „Koogsbuch".

Worten: Sie war als Tempel gedacht, für das, was Hans-Jochen Gamm den „braunen Kult“ nannte. Dabei hatten die nationalsozialistischen Ideologen keine Scheu, sich für ihren Religionsersatz an Kultformen der christlichen Kirchen zu orientieren.[65] Der Autor Karl Weise, der sich zum dichtenden Herold des Reichsarbeitsdienstes gemacht hatte[66], zeigte diese religiöse Anverwandlung in seinem Gedicht „Adolf-Hitler-Koog“, das im Jahr 1942 veröffentlicht wurde und wie ein völkisches Vaterunser auf die zentrale Brotbitte des christlichen Gebets hinausläuft:

„Aus Trotz – und Kraft – und Schicksalsnot / Bist du erbaut – / Koog, mit dem Namen des Heroen / Adolf Hitler! / Wir rangen mit der Urgewalten Macht / Um deinen Schoß – / Um jenen Fluch zu lösen, / Den einst in grauser Wetternacht / Das Meer ausspie!

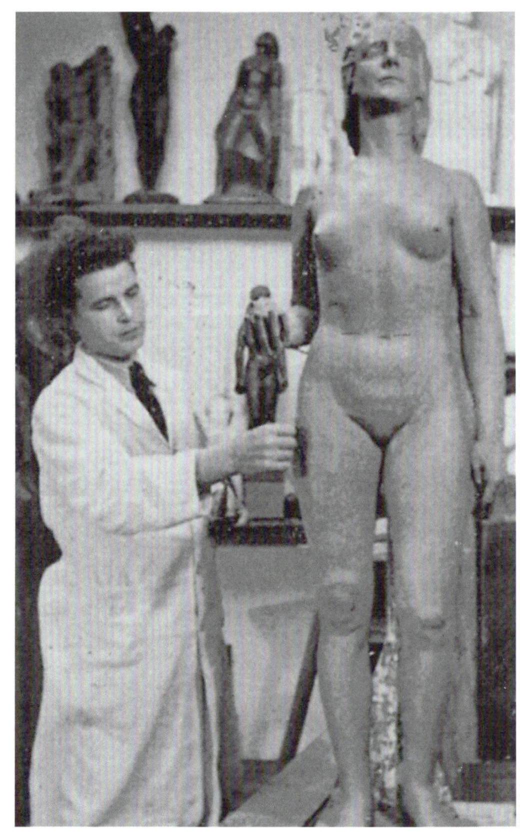

Der Bildhauer Carl Schümann in seinem Atelier.

Traditionelles Rollenbild: Spinn- und Webunterricht für die Siedlerinnen des Adolf-Hitler-Koogs.

Zeitgenössische Postkarte mit Blick in den Frauenraum. Auf dem Sims Sinnspruch, gestaltet von Franz Frahm-Hessler.

Erkämpfte Erde bist du uns! / Die junge Mannschaft einer neuen Zeit / Grub mit dem Spaten ihren brünst'gen Glauben / In deine auferstandne Scholle! / Aus deinem Schoße, – der Empfängnis harrend – / Stieg lichtvoll der Erfüllung Traum: / Ein sommerweißes Ährenmeer, / Auf dem ein helles Kinderlachen / Sich wie ein bunter Falter wiegte!

Trag du wie eine goldne Krone / Den Namen des Gesegneten – / Der deiner Erde tiefe Not / Verwandelte in täglich Brot!"

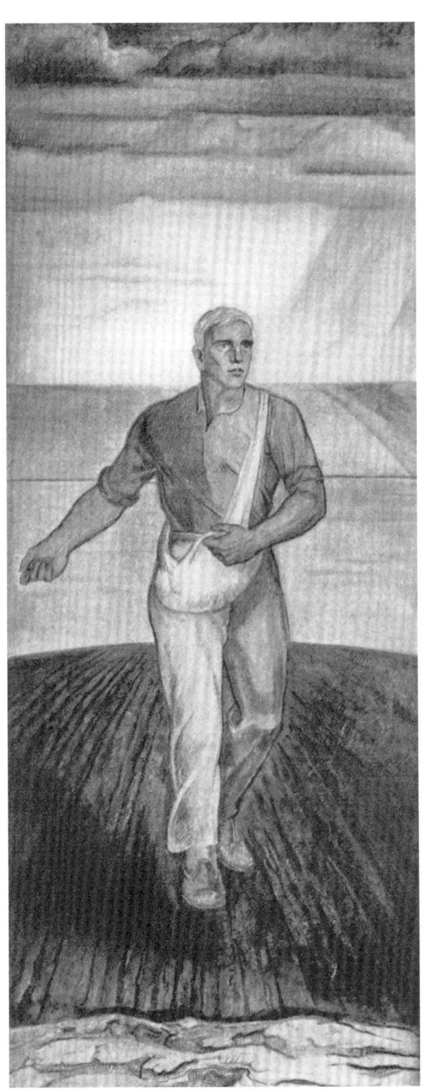

Wandbilder von Otto Thämer an der Ostwand des Saals in der Neulandhalle. Das linke Motiv „Deichbau“ ist in Erdfarben von hellem Ocker bis zu Braun-Violett erhalten. Die Motive „Sämann“ und „Schnitterin“ standen für „Saat“ und „Ernte“ als zentrale Ereignisse im völkisch aufgefassten Jahreslauf. Der „Sämann“ korrespondierte farblich mit dem „Deichbau“, das rote Kleid der „Schnitterin“ verwies auf das Motiv „Hausbau“, in dem das ziegelrote Mauerwerk dominierte.

VOLKSGEMEINSCHAFT UND „SEGEN DER ERDE“

Die Ostwand des Versammlungsraums im Erdgeschoss der Neulandhalle wurde dominiert von den deckenhohen Wandbildern des Künstlers Otto Thämer. Er hatte sich einen Namen als Freskenmaler gemacht[67] und bereiste Italien unter anderem, um die dort erhaltene Freskenmalerei zu studieren. Auch seine Werke in der Neulandhalle hat er selbst als Fresken bezeichnet. Die restauratorische Befunduntersuchung des Landesamts für Denkmalpflege im Zusammenhang mit der Umgestaltung der Neulandhalle zum Historischen Lernort haben ergeben, dass die Wandgemälde in Secco-Technik ausgeführt worden sind, bei der die Malerei „auf das Trockene“, also auf trockenen Putz aufgetragen wird, im Gegensatz zur Freskomalerei, die eine Malerei „auf das Frische“ bedeutet und bei der sich Farbe und Grund intensiver verbinden als bei der Secco-Malerei.[68] Thämer hatte sich seit Anfang der 1930er Jahre vor allem in

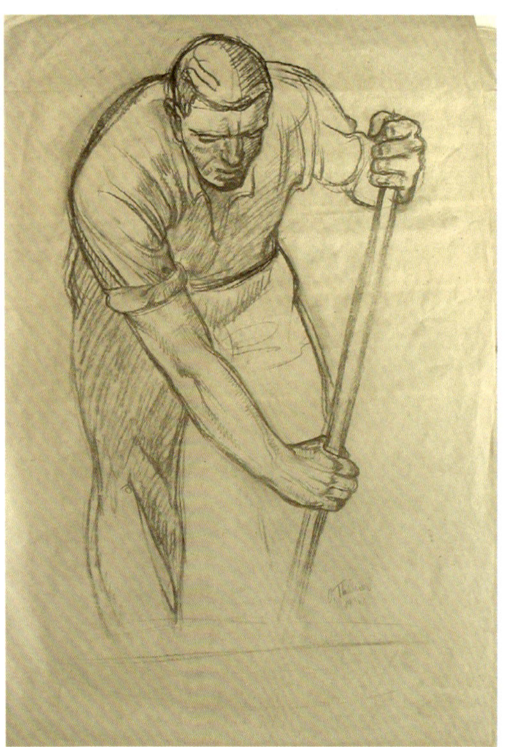

Hamburg als Schöpfer von Wandgemälden ausgewiesen. Einer Kunstkritikerin fiel 1932 angesichts dieser Arbeiten Thämers ein „Hang zum Monumentalisieren" auf: „Aus individuellen Wesen werden Typen, sie werden veredelt und vereinfacht in ihren Formen(…) Symbole der Gemeinschaft der Arbeit und des Spendens der Lebenskräfte."[69] Es scheint so, als sei Otto Thämers Malerei von Ferdinand Hodler beeinflusst, für den eine „neue Monumentalität des Religiösen und des Nationalen" charakteristisch sei. „Kraft einer ihm angeborenen Vorliebe und Begabung für das stark Körperliche ist er für den plastisch monumentalen Ausdruck auch im Gemälde besonders vorbereitet", so Richard Hamann über Hodler. Zeitgemäß seien das Flächige der Figuren und die konstruktive Anlage ihrer Bewegungen sowie starke pathetische Gebärden und Körper, wodurch die dargestellten Figuren entmenscht und zu Marionetten würden.[70] In der Kunst des Nationalsozialismus werden gerade Arbeiter als kräftige Helden mit pathetischem Ausdruck dargestellt, die schwere körperliche Arbeit verrichten. Dies sei für sie allerdings keine Anstrengung, sondern, so Martin Damus, sie würden eher wie Denkmäler des nährständigen Diensts an der Volksgemeinschaft modelliert. Die Arbeit als solche werde vom Nationalsozialismus hoch geschätzt und

Otto Thämer, Kohlezeichnungen 1936, Vorstudien für die Motive „Hausbau", „Deichbau" und „Schnitterin".

Otto Thämer, 1920er Jahre in Italien auf den Spuren der Fresko-Malerei.

sogar für heilig erklärt, wenn sie um des großen allgemeinen Werks willen getan werde.[71] Auch die von Otto Thämer dargestellten Figuren sind blonde, kräftige Männer von besonderer Monumentalität. Sie leiden nicht unter der Anstrengung der schweißtreibenden Arbeit, sondern haben einen heroischen Ausdruck. Sie sind nicht als Individuen dargestellt, sondern als Typen.

Die Motivfolge, die Otto Thämer gewählt hat, lässt sich von links nach rechts wie eine Chronologie der Besiedlung des Adolf-Hitler-Koogs lesen: Beginnend mit den Deichbauarbeiten und dem Deichschluss folgte eine erste Getreideaussaat und eine erste Ernte und schließlich, in die Getreidefelder hinein, der Bau der Höfe und Häuser nach den Entwürfen von Ernst Prinz.

Die Komposition der Motive lässt aber auch eine andere Interpretation zu, die die Ostwand das Saals, ja die Neulandhalle in Gänze in den Blick nimmt. Als Symbolgebäude für den „brauen Kult", für die ins Religiöse gesteigerte Idee des nationalsozialistischen Staates lässt es sich wie eine materialisierte völkische Dreifaltigkeit aus Blut-und-Boden-Ideologie, Volksgemeinschaftsidee und Pflichtdiensten an der Volksgemeinschaft interpretieren.

Die Blut-und-Boden-Ideologie wird auf dem Rauchabzug des Kamins, des Flammenaltars, durch Schwert und Ähren versinnbildlicht.

Die uniformierten Pflichtdienste, die die Volksgemeinschaft beschützen und beschirmen, der Wehrdienst und der Arbeitsdienst, sind an der nördlichen Außenwand der Neulandhalle mit den großen Baukeramiken symbolisiert, die den Soldaten und den Arbeitssoldaten, also den Arbeitsdienstmann darstellen.

Und die Idee einer nationalsozialistischen Volksgemeinschaft aus Bauern, Handwerkern und Arbeitern wird durch die Wandbilder von Otto Thämer vor Augen gestellt. Direkt angrenzend an den Flammenaltar, an den Symbolen von Blut und Boden sind Sämann und Schnitterin, gewiss zugleich Bauer und Bäuerin – die Bäuerin als einzige Frau unter vielen dargestellten Männern. Vom Kamin als Zentrum aus betrachtet folgen dann Arbeiter beim Deich- und Handwerker beim Hausbau. Ihre Verbindung zu Blut-und-Boden ist nicht unmittelbar gegeben, ist nicht primär, sondern wird sekundär durch die Bauern vermittelt.

Diese Wandbilder wurden zur Zeit ihrer Entstehung zu den bedeutendsten Kunstwerken gezählt, die es an der schleswig-holsteinischen Westküste überhaupt gab. Deshalb hatte die Redaktion der Zeitschrift „Dithmarschen" den Künstler Otto Thämer gebeten, sich selbst zu seinen Wandbildern zu äußern. Thämer kam dem Wunsch nach, im Januar 1937 druckte die Zeitschrift einen kurzen Beitrag, in dem der Künstler seine Bilder kommentierte.

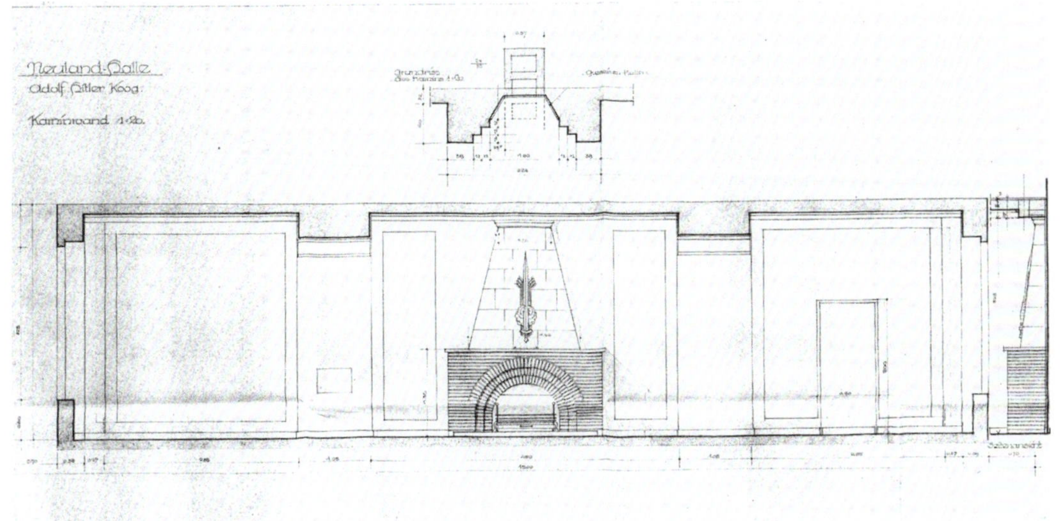

Entwurf der Gliederung der Ostwand von Richard Brodersen.

Entwurf der Wandbilder von Otto Thämer, 19,5 x 67 cm.

Ausgeführte Gestaltung der Ostwand mit Kamin, Rauchabzug, Wandgemälden und -leuchten.

Mit der Figur oben links im Bild „Deichbau" wollte er des Arbeitsdienstes gedenken – im Entwurf trägt dieser dargestellte Arbeiter noch die Schirmmütze eines Arbeitsdienstmanns, in der Ausführung ist er dann barhäuptig. Thämer weist auf den Farbgegensatz der Motive „Deichbau" und „Hausbau" hin. Und weiter:

„Auch Säen und Ernten sind auf Farbgegensätze aufgebaut. Herb, kühl das erste, sommerlich warm, schwer das zweite, farbig wie kompositionell wollte ich den ‚Segen der Erde' ausdrücken. Im Sämann dem immerwährenden Symbol, soll etwas vom Zukunftswillen des Deutschen liegen, Vertrauen und Mut, sein Schicksal zu gestalten." Es kann gar keinen Zweifel daran geben, dass Otto Thämer sich damit auf den Roman des norwegischen Erzählers Knut Hamsun (1859–1952) bezog. Dieser Roman war 1917 erschienen, wurde weltberühmt, Hamsun erhielt 1920 für diesen Roman den Literatur-Nobelpreis – und er wurde als Roman verstanden, der ein Loblied auf das einfache bäuerliche Leben singt. Auch in der Neulandhalle stand er im Regal.

Wie ein Nebenaltar in einer Kapelle an einem Kirchenschiff war im Saal der Neulandhalle ein Nebenraum, der Männeraum, abgeteilt. Ihm gegenüber lag der abteilbare Frauenraum, der mit Wandteppich und Holztruhe als „häuslichem Interieur"[72] ausgestattet war. Im Männeraum stand in einer Art Schrein eine Hitler-Büste von Carl Schümann vor einer Inschriftentafel, die Franz Frahm-Hessler gefertigt hatte und auf der – mit goldenen Lettern geschrieben – Auszüge aus Hitlers Rede zur Grundsteinlegung der Neulandhalle zu lesen waren. Diese Inschriftenwand und das umgebende Regal sind bis zum heutigen Tag erhalten. Auf diese Weise ist nur Hitler selbst durch Abbild und Wort individuell präsent – als verehrungswürdiger Heroe, als der er im Gedicht-Gebet von Karl Weise angesprochen, angerufen

Realisierte Wandgestaltung. Unter der linken Wandleuchte die Inschriftentafel, die an die Grundsteinlegung erinnerte.

wird und als Prophet der Volksgemeinschafts- und Blut-und-Boden-Ideologie gleichermaßen. In Regalen links und rechts von Hitlers Büste gab es ab 1936 einen Bücherbestand, der programmatisch war: Als erstes „Mein Kampf" von Adolf Hitler, aber auch ideologische Schriften von Rosenberg und Darré. Dann der Roman „Die Dithmarscher" von Adolf Bartels aus Wesselburen, in dem die Verklärung der Dithmarscher Bauernrepublik im Zentrum steht; weiter ein Exemplar des Erfolgsromans „Jörn Uhl" und das Lesebuch „Von Saat und Ernte – Ein Buch vom Bauernleben" des Erfolgsautors Gustav Frenssen aus dem nahen Barlt und eben der Roman „Segen der Erde" von Knut Hamsun. Alfred Rosenberg als führender Ideologe der NSDAP war von Hamsuns Roman über den Bauer Isak und dessen Frau Inger begeistert. „Von keinem lebenden Künstler ist der mystisch-naturhafte, willenhafte Zug großartiger gestaltet worden als von Knut Hamsun", schrieb Rosenberg in seinem Buch „Der Mythus des 20. Jahrhunderts", und: „Man weiß nicht, warum der Bauer Isak in gottverlassener Gegend mühsam ein Stück Land nach dem anderen aufrodet, warum seine Frau sich zu ihm gesellt hat und Menschen gebiert. Aber Isak folgt einem unerklärlichen Gesetz, tut aus mystischem Urwillen eine fruchtragende Arbeit und sieht am Ende seines Daseins sicher selbst erstaunt zurück auf die Ernte seines Tuns. Der ‚Segen der Erde' ist das heutige große Epos des nordischen Willens in seiner ewigen Urform, heldisch auch hinterm Holzpflug, fruchtbringend in jeder Muskelregung, gradlinig bis ans unbekannte Ende."[73]

Hamsun erzählt von dem Bauern Isak, der sich im Ödland niederlässt, Land urbar macht, sich Inger zur Frau nimmt und mit ihr im Wald lebt. Inger lernt in der Zivilisation Lesen, Schreiben und Nähen, und diese Zivilisation war ihr Gefängnis – das soll man als Metapher lesen, als Sinnbild, und doch ist es im Gang des Romans ganz wörtlich gemeint. Inger musste ins Gefängnis, weil sie eins ihrer Kinder ermordet hatte. Um ihre anderen Kinder kümmert sie sich rührend, der älteste Sohn lernt am liebsten und schnellsten und entfremdet sich seiner Heimat und wandert schließlich nach Amerika aus. Isak und Inger entsprechen nach Hamsuns Beschreibung keinen nationalsozialistisch aufgefassten nordischen Ideal-Germanen. Inger kam mit einer Hasenscharte zur Welt und Isak erscheint als „Mühlstein von Gestalt". Aber Hamsun schildert vor allem im letzten Kapitel des Romans voller Andacht, wie Isak Korn sät: „Er wartete noch ein paar Tage, es sah nach Regen aus, und er säte Korn. Seit Hunderten von Jahren wohl hatten seine Vorfahren Korn gesät, es war ein Akt der Andacht an einem stillen und milden Abend ohne Wind, möglichst mit einem gnädigen und ganz leichten Nieselregen von vorn, möglichst bald nach dem Zug

Literatur-Nobelpreisträger Knut Hamsun, Autor von „Segen der Erde".

der Graugänse. Die Kartoffel war eine neue Frucht, sie hat nichts Mystisches, nichts Religiöses, Frauen und Kinder konnten beim Setzen helfen, diese Erdäpfel, die aus dem Ausland kamen wie der Kaffee, ein großartiges, herrliches Nahrungsmittel, aber doch eher mit der Rübe verwandt. Korn, das war Brot, Korn oder nicht Korn, das war Leben oder Tod. Isak ging barhäuptig und im Namen Jesu und säte, er war wie ein Klotz mit Händen dran, innerlich aber war er ein Kind. Er war achtsam bei jedem Wurf, war freundlich und ergeben bestimmt. Seht, diese Körner werden keimen und zu Ähren und mehr Korn werden, so ist es auf der ganzen Erde, wenn man Korn sät. In Palästina, in Amerika, im Gudbrandsdal – ach, wie weit ist die Welt, und das winzige Viereck, das Isak beim Säen abschritt, war genau die Mitte von allem. Von seiner Hand strahlten die Fächer von Korn aus, der Himmel war bewölkt und gütig, es sah nach einem unendlich feinen Nieselregen aus."[74] Und weiter heißt es: „Wächst hier nichts? Hier wächst alles, Menschen, Tiere und die Feldfrüchte. Isak sät. Die Abendsonne scheint auf das Korn, es fliegt im Bogen aus seiner Hand und sinkt wie ein Goldregen in die Erde. Da kommt Sivert zum Eggen, dann muß er walzen, dann eggt er wieder. Wald und Berge schauen zu, alles ist Hoheit und überwältigend, hier ist Zusammenhang und Ziel."[75] Und über seine weibliche Hauptfigur Inger schreib Hamsun zum Ende des Romans: „Die Markgräfin, Inger selbst, ist nicht mit dabei, sie ist im Haus, sie bereitet das Essen. Groß und stattlich schreitet sie durch ihr Haus, eine Vestalin, die Feuer im Herdofen macht."[76] Hier macht der Erzähler die Bäuerin zu einer Vestalin, einer Priesterin im antiken Rom, deren Hauptaufgabe es war, das Herdfeuer im Tempel der Vesta zu hüten, das niemals erlöschen durfte. Hamsuns Figuren haben im Lauf des Romans eine entscheidende Wandlung durchgemacht – der schlichte Bauer macht sein Geviert, auf dem er sät, zum Mittelpunkt der Welt und wird, geadelt durch seine unermüdliche Arbeit, zum Markgrafen. Die Bäuerin verwandelt sich in Priesterin und Markgräfin zugleich. Ganz so mochten die Nationalsozialisten und wohl auch Otto Thämer den Roman verstanden haben. Adel durch Arbeit war nach ihrer Vorstellung im Arbeitsdienst zu erwerben, Säen und Ernten als heilige Handlungen waren auch in der Neulandhalle verehrungswürdig. Otto Thämer verstand „Segen der Erde“ durch eine biblisch und zeitlos aufgefasste Anmutung des Romans vielleicht als eine Art Evangelium des einfachen Lebens, wie ja auch Hamsuns Schwiegertochter den Erzähler mit Blick auf eben diesen Roman als „mächtigen Verkünder der Botschaft von der Erde“[77] bezeichnete. Und als solchen machten Richard Walther Darré und der Reichsnährstand Knut Hamsun und dessen Romanfigur Isak zum Teil ihrer Propaganda.[78]

In neuerer Zeit ist dieser Roman auch anders verstanden und gedeutet worden als von den Nationalsozialisten. „In der Tat wäre kein Wort über ‚Segen der Erde‘ zu verlieren, ergäbe sich die eindrücklichste Widerlegung seines ideologiegesättigten Schlußkapitels nicht aus dem gesamten übrigen Roman“, so Heinrich Detering 1999. Und weiter: „Die antimoderne und mit dem Schlagwort vom ‚Faschismus‘ nicht ganz zu Unrecht belegte Botschaft, auf die er mutmaßlich hinlaufen soll – sie steht im diametralen Gegensatz zur Modernität dieses Kunstwerks selbst, seiner Vieldeutigkeit und Offenheit, seiner abgründigen Ironie.“[79]

Alfred Rosenberg, Richard Walther Darré und Otto Thämer hatten Hamsun seinerzeit im Sinne nationalsozialistischer Ideologie verstanden. Thämers Wandbilder in der Neulandhalle sind freilich nicht als Illustrationen zu Hamsuns Roman gedacht gewesen. Aber Hamsuns Roman, der in diesem Raum gelesen werden sollte, deshalb stand er in der Neulandhalle am ‚Hitler-Schrein‘ im Bücherregal, war so etwas wie ein kanonisches Buch der religiösen Verehrung des Bodens, die in diesem Haus stattfand. Und die sich auch in Thämers Kunstwerken, inspiriert durch Hamsuns Roman, widerspiegelt.

Ansicht von Süden: Im Vordergrund der Glockenturm.

„DIE GLOCKE TÖNT, / UND SO IST DIR'S BEFOHLEN“

Am 29. August 1935 läutete die Glocke des Adolf-Hitler-Kooges wohl das erste Mal ganz offiziell. „Unter den Klängen der neuen Dorfglocke am Franzosensand wird dann die Urkunde verlesen, die in den Grundstein der ‚Neulandhalle‘ eingemauert werden sollte.“[80] Die Feier neigte sich ihrem Ende zu, Adolf Hitler hatte gesprochen und die Grundsteinkassette vermauert. Der Reichsminister für Ernährung und Landwirtschaft Richard Walther Darré war gefolgt und hatte den Ortsbauernführer verpflichtet. Und Darré kündigte an: „Wir werden gleich das Läuten der Glocke hören, die den Spruch trägt: ‚Blut und Boden sind die Grundlage des deutschen Staates‘. Daß dieser altdeutsche Grundsatz, der insbesondere im alten Dithmarschen nach altgermanischer Sitte sich bis in die Neuzeit erhalten hat, auch in der Gegenwart und in der fernen Zukunft der Leitgedanke dieser unserer Bauern bleiben möge, ist mein aufrichtiger Wunsch.“[81] „Der Reichsbauernführer schloß mit einem Sieg-Heil auf den Führer und Kanzler, das, von den Tausenden begeistert aufgenommen, weit über die Felder des neuen Landes hallte, während gleichzeitig die bei der Neulandhalle angebrachte Glocke ertönte.“ Unter Glockengeläut verließ Hitler den Bauplatz.[82]

Die Neulandhalle sollte nun also errichtet werden, der Glockenturm wenige Meter neben dem Bauplatz stand schon. Richard Brodersen hatte einen Entwurf für den Turm und für die Glocke gezeichnet. Der Turm ist allerdings noch schlichter realisiert worden, als der Architekt sich ihn ursprünglich vorstellte. In Brodersens Entwurfszeichnung wirkte der Turm in Konstruktion und Gliederung der Schallluken noch ganz wie ein mittelalterlicher Glockenturm oder wie eine Art Belagerungsturm. Die an den Ecken vorgesehenen Widderköpfe lassen an antike und mittelalterliche Wehrtechnik denken; „Widder“ war, so sagt es das Grimm'sche Wörterbuch, „die bezeichnung einer antiken belagerungsmaschine, des an einem gerüst aufgehängten und oft mit einer widderkopfähnlichen eisenspitze versehenen sturmbalkens“[83], wobei unter dem Begriff „Sturmbalken“ an der windreichen Nordseeküste freilich noch etwas anderes verstanden werden könnte.

Für den Bau der Neulandhalle und insbesondere für die Errichtung des Glockenturmes wurden Kräfte des Reichsarbeitsdienstes eingesetzt, und zwar auf ausdrücklichen Wunsch des Reichsarbeitsführers Konstantin Hierl

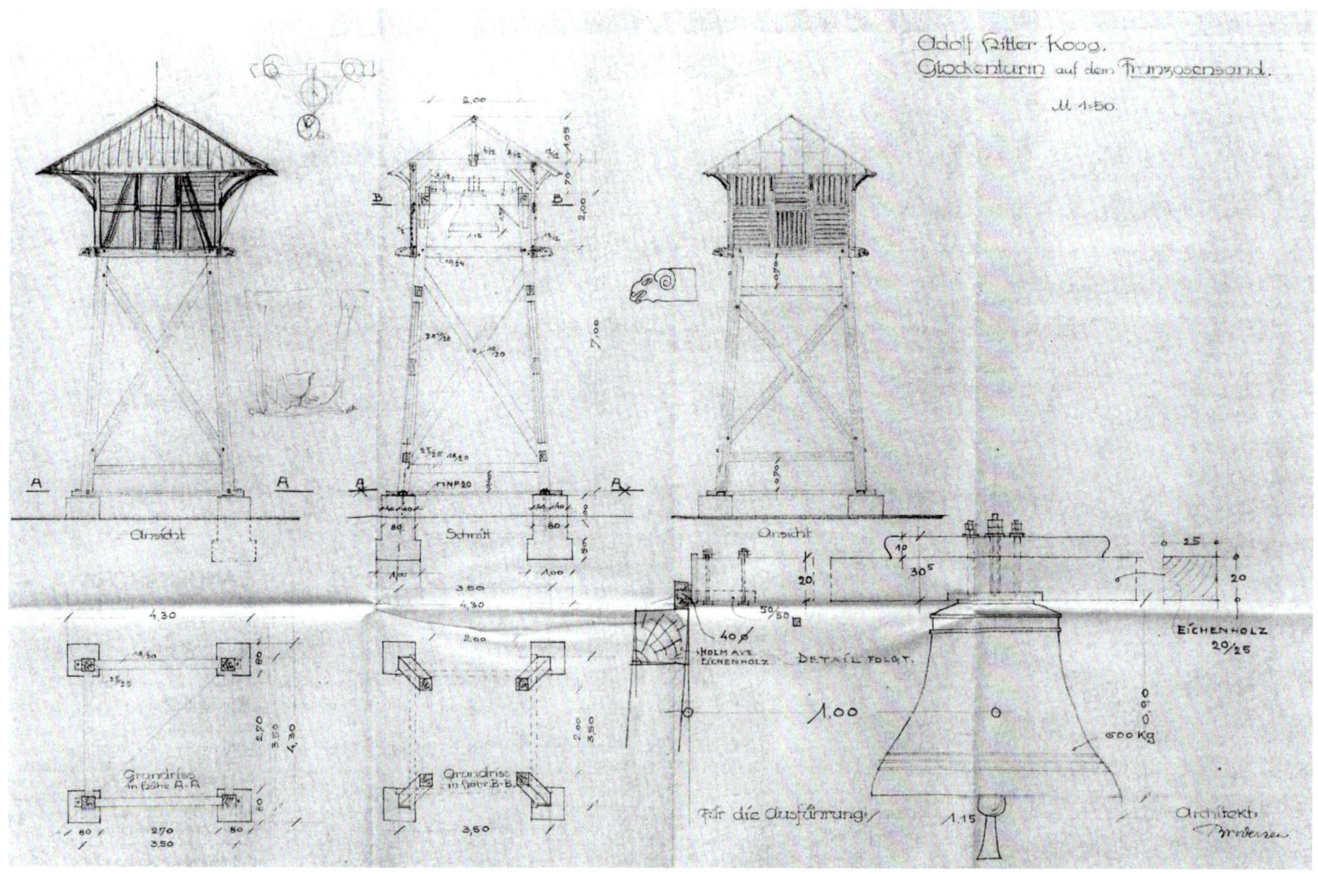

Entwürfe für die Glocke und den Glockenturm der Neulandhalle von Richard Brodersen.

(1875–1955), weil diese „gemeinnützigen Anlagen" dem Wesen der Arbeit des Arbeitsdienstes entsprachen.[84] Jens-Peter Biel fragt, ob die hauptsächliche Beteiligung des NS-Arbeitsdienstes am Bau des Glockenturmes ein Hinweis auf die Verbindung der „Erziehung durch Arbeit" zum nationalsozialistischen „positiven Christentum" sein kann.[85] Für meine Begriffe geht diese Assoziation zu weit. Zwar ist die Neulandhalle samt Glockenturm konzipiert wie eine kultische Anlage mit äußerlichen Anleihen aus dem Christentum. Die Inhalte, die in der Neulandhalle gefeiert wurden – die Verherrlichung von „Blut und Boden" und Überhöhung der körperlichen Arbeit zur heiligen Handlung –, tragen eher neuheidnische Merkmale.

Mit dem Glockenturm an der Neulandhalle knüpfte Brodersen einerseits an die christliche Tradition an, dass es eine Glocke ist, die die Gläubigen zum Gebet ruft. In Schleswig-Holstein, etwa in Seeth und Erfde, in Süder- und in Norderstapel in der Landschaft Stapelholm, gibt es aber andererseits auch die Tradition der Bauernglocken, die, kleiner als Kirchenglocken und rustikal zwischen zwei Holzpfählen oder in einer Astgabel befestigt, an zentraler Stelle im Dorf aufgestellt sind. Jeder kann sie läuten, um Alarm zu schlagen und um vor Gefahr – sei es Feuer, sei es Flut, sei es ein Scharmützel – zu warnen. Die Bauernglocke ist aber auch ein Symbol der Dorfobrigkeit, mit der diese zu Versammlungen und Bekanntmachungen rief.

Die Glocke des Reichsnährstands wird in den Glockenturm gehievt.

Alain Corbin hat in seiner Studie „Die Sprache der Glocken" die vielfältigen Funktionen der Glocken in der ländlichen Lebenswelt des 19. Jahrhunderts beschrieben: Dabei hat er nachgewiesen, dass die Gewalt über die Glocke gleichbedeutend war mit politischer Macht. Das Läuten der Glocke bestimmte den Kommunikations- und Arbeitsrhythmus der Menschen, es orientierte ihren Raum- und Zeitsinn und regulierte ihr soziales Verhalten.[86] Glocken waren akustische Ermahnungen: „Die Mutter sprach: ‚Die Glocke tönt, / Und so ist dir's befohlen', – so heißt es in Goethes Ballade von der wandelnden Glocke: ‚Und hast Du dich nicht hingewöhnt, / Sie kommt und wird dich holen.' Hier macht Goethe aus der Glocke „ein Instrument, das der Verinnerlichung von Regeln und Ordnungen dient".[87]

Corbins Untersuchung konzentriert sich auf das Frankreich des 19. Jahrhunderts, und es ist ein hübscher Zufall, dass der Glockenturm im Adolf-Hitler-Koog neben der Neulandhalle auf der Warft steht, die den Namen Franzosensand trägt. Im nachrevolutionären Frankreich versuchte die staatliche Gewalt sich der Symbolkraft der kirchlichen Glocken zu bemächtigen – und auch Hitler verfälschte die Errichtung seiner nationalsozialistischen Diktatur als „nationale Revolution", und auch er bediente sich bei der Suche nach einer Symbolsprache unter anderem aus dem Fundus der kirchlichen Überlieferung. Gerade die Romantiker verklärten die ländlichen Glocken und rühmten damit einen gesellschaftlichen Einklang: „die Begegnung von Volk und Dichter, vereint in der gemeinsamen Bewunderung und Bemühung in Bezug auf die Ästhetisierung dieser Klangrhetorik“[88] – es ging also auch um eine Form der Volksgemeinschaft. Für Corbin führen die Spuren dieser Empfindung nach Deutschland: „Die Genealogie des Gefühls weist in diesem Falle auf germanische Ursprünge. Ende des 18. Jahrhunderts … entstehen große Texte von Goethe und vor allem Schiller, die für mehr als ein halbes Jahrhundert die Stereotype der Glockenliteratur prägen.“[89] Auch im Adolf-Hitler-Koog gab es ja ausdrückliche Bezüge zu Schiller. Im Schatten des Glockenturms kamen die Siedler zur Feier der Sommersonnenwende zusammen, aus Marne marschierte dazu extra eine Abteilung des Reichsarbeitsdienstes herbei. Vor der Neulandhalle wurde ein großes Feuer entzündet. Gemeinsam wurde – freilich nicht mit Schillers humanistischem Impetus, sondern völkisch verstanden – mit dem Rütli-Schwur aus dem „Wilhelm Tell“ die Volksgemeinschaft beschworen: „Wir wollen sein ein einzig Volk von Brüdern, in keiner Not uns trennen und Gefahr!“[90]

Am Saum der Glocke des Adolf-Hitler-Kooges stand zu lesen: „Blut und Boden sind die Grundlagen des deutschen Staates.“ Tatsächlich gab es kein Instrument, das so wie eine Glocke als Ausdruck der Bodenideologie bis hinein in die eigene Stofflichkeit angesehen werden konnte. Wie in der Secco-Malerei der Wandgemälde von Otto Thämer die Farbpigmente in die Erdpartikel des Putzes dringen und gleichsam zum untrennbaren Bestandteil der verputzten Erde werden, so wie die Plastiken an der Nordwand der Neulandhalle und der Rauchabzug des Kamins aus Keramik, also aus gebrannter Erde gefertigt sind, so ist auch die Glocke eine Frucht des Bodens. In Schillers Gedicht von der Glocke[91] wird die Verbindung zwischen Glocke und Erde gepriesen, die irdische Natur des Materials, des Erzes als Teil des Bodens. Denn die geschmolzene Glockenspeise ist aus der Erde genommen und kann auch nur in der Erde ihre Gestalt erhalten: „In die Erd ist's aufgenommen, / Glücklich ist die Form gefüllt.“ Und Schiller liefert auch gleich die Analogie des Glockengusses zur Landwirtschaft: „Dem dunklen Schoß der heil'gen Erde / Vertrauen wir der Hände Tat, / Vertraut der Sämann seine Saat / Und hofft, daß sie entkeimen werde / Zum Segen, nach des Himmels Rat.“ Wer dazumal Schillers Lied von der Glocke gelesen hat, dem mag der neubesiedelte Adolf-Hitler-Koog mit seinen Ernteszenarien vor Augen gestanden haben – statt von Stadtmauer und Stadttor durch Deich und Stöpe umschlossen – auf dessen Bewohnerinnen und Bewohner das Auge der Obrigkeit höchst wachsam ruhte: „Blökend ziehen heim die Schafe,/Und der Rinder/Breitgestirnte, glatte Scharen/Kommen brüllend,/Die gewohnten Ställe füllend./Schwer herein/Schwankt der Wagen/Kornbeladen;/Bunt von Farben,/Auf den Garben/Liegt der Kranz,/Und das junge Volk der Schnitter/Fliegt im Tanz./Markt und Straße werden stiller;/Um des Lichts gesell'ge Flamme/Sammeln sich die Hausbewohner,/Und das Stadttor schließt sich knarrend./Schwarz bedecket/Sich die Erde;/Doch den sichern Bürger schrecket/Nicht die Nacht,/Die den Bösen gräßlich wecket; Denn das Auge des Gesetzes wacht." So verstanden war auch die Glocke im Adolf-Hitler-Koog nicht nur ein Mittler zwischen den Sphären, sondern auch ein Instrument der Verbindung zwischen dem Boden und dem Menschen. „Die Erinnerung an den Klang der Heimat," so meint Corbin, „verschmilzt mit dem Bewusstsein, zu leben, mit den ersten Äußerungen des Rückerinnerns. Der Glockenklang ist Verwurzelung: ‚Die Erde hat mich wieder.' Dies gilt auch bei Fausts Verdammnis."[92]

Der Nationalsozialismus überhöhte den Gegensatz zwischen den wurzel- und identitätslosen Menschen in den rastlosen, industrialisierten Großstädten und der mit sich und der Natur im Reinen lebenden Landbevölkerung. Der Klang der Glocke beschreibt einen Klang- und Lebensraum, der eine Teilung von „Drinnen und Draußen" bekräftigt. Corbin: „Der so definierte Raum war nicht von jener Beschleunigung erfüllt, die das 19. Jahrhundert mit sich riß. Seine Gestalt entsprang nicht dem Wunsch nach Mobilität und nach Schnelligkeit; die Glocke suggerierte dem Hörer vielmehr einen Raum der Langsamkeit und der Bewahrung, der aus der Archäologie der Geschwindigkeiten hervorging. Er entsprach dem gemächlichen Schritt des Landmanns"[93], der säend über sein Land schreitet, so wie es Otto Thämer auf seinem Fresko für die Ostwand des Saals in der Neulandhalle darstellen sollte.

Das Territorium, das durch die Reichweite des Glockenklangs beschrieben wird, schrumpfe zu einem geschlossenen Raum, in welchem die Klangmacht des Zentrums regiert. Auf diese Weise wird die Funktion der Neulandhalle als Zentrum hervorgehoben: Sie ist topographisch erhöht, in ihr hat die „Blut-und-Boden"-Ideologie Gestalt angenommen, hier hat Hitler selbst ihren Grundstein gelegt – und durch den Glockenturm steht sie auch im Zentrum des „Klangterritoriums".[94]

In und an der Neulandhalle ist auch die Kampfmetaphorik visualisiert: das Schwert auf dem Rauchabzug des Kamins von Herman Sörensen, die Plastik des bewaffneten Soldaten an der Nordwand

Arbeitsdienstmänner und Handwerker vor dem aufgestellten Gerüst des Glockenturms in Positur.

von Ludolf Albrecht. Damit kommt zum Ausdruck, was Hitlers Vokabular in seinen Worten zur Grundsteinlegung des Gebäudes formuliert hat – „erkämpft", „errungen", „mit tapferer Hingabe beschirmt", „Symbol des ewigen Ringens", „Tapferkeit". Hitler übertrug die von ihm geforderte Kampfbereitschaft um den Koog auf die nationale Ebene: „Niemand darf vergessen, dass unser Reich auch nur ein Koog im Weltenmeer ist …"[95]

Auch diese Kampfmetaphorik wird nach Corbins Deutung von der Glocke akustisch in die Umgebung getragen: „Der Klangbereich der Glocke, eingebettet in ein klassisches Bild von Harmonie, markierte ein Territorium, das umgetrieben wurde vom Gedanken an seine Grenze und die Gefahr von deren Verletzung. Alarm und Schutz waren die zwei wesentlichen Funktionen des Glockenturms. So stellte sich ein Zusammenhang her zwischen Glocke und Grenze … Die Glocke prägte den Habitus oder, wenn man so will, die Sinneskultur der Gemeinden. In ihr ankerte der Lokalismus, sie vertiefte den Wunsch nach Verwurzelung, die Sehnsucht nach dem Frieden der engen, sorgsam begrenzten Horizonte."[96]

Im deutschen Volks- und Aberglauben spielen Glocken eine besondere Rolle, gerade wegen des innigen Verhältnisses der Menschen zu ihnen, denn das Läuten der Glocken markiert die wichtigen Tage im Lebens- und im Jahreslauf; das ist bei Kirchenglocken so, und bei der Glocke im Adolf-Hitler-Koog war es nicht anders. „Es gibt kein Kultobjekt", so heißt es im Handwörterbuch des deutschen Aberglaubens, „das mit dem Gemütsleben des Volkes so verwachsen, von seiner Phantasie so umsponnen wäre, wie die Glocke: Reich und vielgestaltig fließt hier der Strom volkstümlicher Überlieferung."[97]

In der Volkssage erscheint die Glocke fast wie ein beseeltes, vernunftbegabtes Wesen, das insbesondere von großer Anhänglichkeit an ihren gewohnten Aufenthaltsort ist. So wehrt sie sich gegen das Fortschaffen, indem sie in der Erde oder im Wasser versinkt; wird sie gewaltsam entfernt, läutet sie schlecht oder gar nicht; wird sie verkauft, wandert sie wieder an ihren angestammten Ort zurück; wird sie aus der Erde gegraben, flieht sie dahin wieder zurück. Und sie kann von selbst läuten, gestohlene oder versunkene Glocken klingen gelegentlich von allein, die gestohlene Glocke will errettet, die versunkene gefunden sein, kurz: „Sie ist Herrin ihrer Stimme und ihrer Bewegung."[98] Auch in der schleswig-holsteinischen Volksüberlieferung sind derartige Geschichten erhalten. Die versunkene Glocke von Rungholt kann wohl derjenige hören, der zur richtigen Zeit im nordfriesischen Wattenmeer unterwegs ist, die Brunsbütteler Glocken wurden einst nach Balje auf dem südlichen Elbufer entführt, und statt zu läuten, riefen sie „Na Brunsbüttel! Na Brunsbüttel!“ Die geraubte Glocke von Haddeby ist in der Schlei versunken und läutet dort am Neujahrsmorgen. Eine der beiden für Gelting bestimmten Glocken aus Lübeck versank während des Transports per Schiff bei Schleimünde, und wenn diese läutet, ruft jene „Mein Gefährte liegt in der Schleimünde“; und die Glocke von Krempe ist verschwunden, weil der Glockengießer während des Gusses seinen Lehrjungen erschlug.[99] Und auch die Glocke aus dem Adolf-Hitler-Koog kam gelegentlich wieder zum Vorschein: „Vielleicht lag ein wenig Aufregung in der Luft, wie immer bei Dingen, die man im Geheimen tut. Sie waren 20, die da an einem Tag im August 1985 um die Glocke herumstanden. Der Entschluss war lange gefasst: Wenn der Dieksanderkoog, der früher einmal Adolf-Hitler-Koog hieß, 50 Jahre alt wird, holen sie die Glocke aus ihrem Versteck. Die Glocke – einem großen Mann, wie Karl-Heinrich Thomsen einer ist, reichte sie bis an die Brust – kam von der Breite her an ein Wagenrad heran. Gut möglich, dass es einen Moment des Schweigens gab. Oder Unstimmigkeiten, wie es getan werden sollte, hier im Kreis der Eingeweihten, fernab der Jubiläumsfeierlichkeiten, wo sich die anderen amüsierten. Auf dem Hof eines Bauern fand ein Tanzvergnügen statt, bei einem anderen stand ein Festzelt, in dem Kaffee und Kuchen serviert wurden, und in der Gaststätte der Familie Hass war eine Ausstellung zur Geschichte des Kooges aufgebaut. Die Inschrift auf der Glocke war noch lesbar: „Blut und Boden sind die Grundlage des deutschen Staates“. Nacheinander begannen die Männer nun, jene Glocke zum Klingen zu bringen, die der Reichsnährstand 1936 gestiftet hatte. Karl-Heinrich Thomsen war als Letzter an der Reihe. Der Ton sei tief gewesen, wird Thomsen später sagen, ‚ein tiefer, melancholischer Klang‘.“[100] Der ehemalige Propst des Kirchenkreises Süderdithmarschen, der die Neulandhalle als Jugend- und Freizeitzentrum betrieb, erinnerte sich: „Wir übernahmen 1971 noch die Reste und Fundamente eines Glockenturmes …, allerdings keine Glocke. Diese soll nach verschiedenen Aussagen irgendwo tief unter der Straßendecke in einem der Wege im Koog liegen; eine andere Version spricht von einer Wanderglocke, die angeblich eine ruhelose Odyssee durch Häuser und Ställe der örtlichen Landwirte machen soll. Aber wo sie jetzt ist und ob sie tatsächlich noch existiert, weiß ich nicht. Mag sie ein Relikt der Vergangenheit sein und bleiben!“[101]

IM INNERN HIER EIN PARA
DA RASE DRAUSSEN FLUT BI

Goethedenkmal im
Goethepark in Marne.

GOETHES FAUST UND GUSTAV FRENSSEN

Bei den Reden anlässlich des Hitlerbesuchs, der Einweihung des Kooges, der Grundsteinlegung und der Einweihung der Neulandhalle haben Texte von Knut Hamsun keine Rolle gespielt. Otto Thämer hatte seine literarische Inspiration für seine Wandbilder erst im Nachgang öffentlich gemacht. Dagegen sind im Zusammenhang mit der Eindeichungsmaßnahme Zitate aus Goethes Faust zur Hand, einen größeren kulturellen Bezug herzustellen. Gauleiter Hinrich Lohse etwa verpflichtete die neuen Siedler mit einer Variation des Faust-Wortes – „Was Du ererbt von Deinen Vätern hast, erwirb es, um es zu besitzen“[102] – zum tätigen, tüchtigen Leben: „Sie haben diese neue Scholle erworben, sie werden schaffen, säen und ernten müssen, um sie zu besitzen.“[103]

Zum literarischen Herold des neuen Kooges machte sich ausdrücklich der in Barlt lebende, weltberühmte Schriftsteller Gustav Frenssen (1863–1945), „Bruder im Geiste“ des norwegischen Schriftstellers Knut Hamsun und spätestens ab 1933 überzeugter Nationalsozialist. Vor allem mit seinem Buch „Der Glaube der Nordmark“ machte er sich – so sagt es Heinrich Detering in seinem Beitrag im Frenssen-Buch – „zum Wortführer eines dezidiert antichristlichen völkisch-neuheidnischen und antisemitischen ‚deutschen Glaubens‘.“[104] Ob Frenssen durch die Eindeichungsarbeiten zum Adolf-Hitler-Koog und der entsprechenden publizistisch-propagandistischen Begleitmusik zu Formulierungen in „Glauben der Nordmark“ inspiriert worden ist? Er hat den Bau des neuen Deiches, des neuen Kooges aufmerksam verfolgt hat. Frenssen formuliert seine Weltanschauung, in der die Menschen „die natürliche Kraft aus ihrem Blut und ihrem Boden, die allein des Glaubens Gebärmutter und Empfängnis ist“[105] schöpften. Und wenn Frenssen dort voller Pathos von seinem Gottesbild schreibt, könnte man denken, er hätte einen Bauern aus dem Adolf-Hitler-Koog vor Augen: „Eher ist er uns ein kraftvoller Jüngling, dem von schaffender, mächtiger Arbeit der Schweiß auf der Stirn steht, oder ein Alter, Rüstiger, frisch und herrlich tätig Tag und Nacht, ein Faust in seinen alten Tagen. Ja, ein Bauer und Arbeiter! Ein Pflüger! Ein unermüdlicher Saatbereiter, ein Ernteschaffer! Er pflügt tief, und die mächtigen, ewig jungen Pferde, erregt von seinem harten Griff, bäumen sich herrlich; und herber Wind umweht ihn, und über ihm flattern weiße Möwen, zu fressen, was der

Pflug hochwühlt. Ja, er pflügt tief und stark; er reißt Sternfelder auf zu neuen Saaten; und seine Saat sind Welten und seine Frucht Erden. Und er reißt Völker auf und die einzelnen Menschenherzen; und seine Saat ist Not, und seine Ernte neues Leben und neue Zeit."[106]

Der Faust in Goethes Drama in alten Tagen hat einiges hinter sich: Ausgangspunkt der Handlung ist eine Wette zwischen Gott und dem Teufel. Kann es dem Bösen gelingen, einen Menschen so abgrundtief zu verderben, dass er vom rechten Weg abkommt und ihn nicht wiederfindet.

Goethes Faust war ein angesehener Gelehrter und ist beruflich und privat durch und durch unzufrieden. Als Wissenschaftler fehlt es ihm an tiefer Einsicht und als Mensch ist er unfähig, das Leben in seiner Fülle zu genießen. Lebensmüde geworden, verspricht er Mephisto seine Seele, wenn es diesem gelingen sollte, ihn von seiner Unzufriedenheit zu befreien. Mephisto schließt mit Faust einen Pakt in Form einer Wette. Er, dem neben Zauberkräften auch Humor und Charme zu Gebote stehen, ist bestrebt, Faust vom rechten Weg abzubringen. Er verwandelt ihn zurück in einen jungen Mann, nimmt ihn mit auf eine Reise durch die Welt und hilft ihm, die Liebschaft mit der jungen Margarete (Gretchen) einzufädeln, einer naiven, sehr jungen Frau, in die sich Faust sofort verliebt, nachdem ihm Mephisto einen

Lemuren haben Fausts Grab ausgehoben. Max Slevogts Illustration zum zweiten Teil des Goethe-Schauspiels, Lithographie 1927.

Zaubertrank übergeben hat. Den Satz aber, den Faust zu einem Augenblick sagen muss, damit seine Seele an den Teufel fällt, bringt er nicht über die Lippen: „Verweile doch, du bist so schön!" Und der Faust in „alten Tagen", von dem Gustav Frenssen spricht? Der begegnet uns im zweiten Teil des Schauspiels: Am Schluss von der Tragödie zweiter Teil ist Faust alt und blind. Er, der alles erlebt und erfahren hat, was die Welt bietet, entwirft seinen kühnsten Plan: Er will einen Deich bauen und so dem Meer Land abgewinnen für die besitzlosen Menschen. Dabei helfen ihm Lemuren, die Mephisto aus der Hölle emporruft. Von diesem Projekt, dem Meer Land abzugewinnen, ist Faust wie berauscht: Er lässt Land urbar machen,

Dämme bauen. Das hat ihm die Ehrung der Stadt Marne eingebracht, die in den 1950er Jahren einen Goethepark mit Goethedenkmal errichtet hat: Dort sind drei Verse zu lesen: „Im Innern hier ein paradiesisch Land,/Da rase draußen Flut bis auf zum Rand" und „Das ist der Weisheit letzter Schluß;/Nur der verdient sich Freiheit wie das Leben,/Der täglich sie erobern muß" sowie „Und so verbringt, umrungen von Gefahr,/Hier Kindheit, Mann und Greis sein tüchtig Jahr."[107]

Auch die Studentin Ingeborg Christiansen wählte die Verse vom „paradiesisch Land", von „der Weisheit letzter Schluss", von der täglich zu erobernden Freiheit als Motto für ihre Examensarbeit.[108]

Doch weder die Studentin Christiansen, die in ihrer Arbeit das Eindeichungsprojekt des Adolf-Hitler-Koogs beschrieb, noch das Goethedenkmal in Marne erfassen das Zerstörerische, das teuflisch-mephistophelische, zu dem das Landgewinnungsprojekt in „Faust II" führt. Sie erkennen und benennen Faust nicht als, wie Albrecht Schöne es formuliert, „greisen Gewaltherrscher", zu dem er geworden war.[109] Vermeinend, der Damm sei fertig, ist Faust bewegt und versucht: „Zum Augenblicke dürft' ich sagen: Verweile doch, Du bist so schön!" Schon will Mephisto nach seiner Seele greifen, da öffnet sich aber der Himmel und nimmt Faust auf. Begründung: „Wer immer stre-

Illustration aus Gustav Frenssens „Lebensbericht": Ein Blick vom neuen Seedeich in den Adolf-Hitler-Koog.

bend sich bemüht, Den können wir erlösen!“

Gewiss zählte Gustav Frenssen selbst Goethe zu seinen literarisch-philosophischen Ahnherren. Im Frühjahr 1935, just unter dem 20. April, Hitlers Geburtstag, veröffentlich Gustav Frenssen einen Essay unter dem Titel „Ostern“[110], und dieser Text klingt, als sei er von Goethes Faust inspiriert. „Vom Eise befreit sind Strom und Bäche“[111] wohl auch in Dithmarschen an jenen Tagen, aber Frenssen blickt doch noch zurück auf einen harten Winter mit eisigem Wind, Nebel und Regen. Und da die Frauen im Haushalt ihm verbieten, sich noch winterschlafende Igel ins Haus zu holen, ist er auf der Suche nach einem anderen Frühlingszeichen: „Da sage ich: Dann wollen wir nach dem neuen Koog fahren! Das ist der Koog, der nach Adolf Hitler genannt wird. Und das mit Recht, denn Adolf Hitler ist der größte Arbeitgeber dieser Zeit, hat auch diesen Koog gemacht. Er ist es eigentlich und in Wahrheit, der den Spaten in die Erde gestoßen und die Loren wieder und wieder gefüllt hat, viele tausende, und den Deich aufgeworfen hat.“ Und so machte sich der greise Dichter auf einen Osterspaziergang der eigenen Art. Und fast so, wie Faust auf seinem Osterspaziergang auf das „bunte Gewimmel“[112] blickt, das aus der Stadt kommt und sich im Freien ergeht – „Sie feiern die Auferstehung des Herrn“[113], – so blickt Frenssen auf die Szenerie des neuen Koogs, freilich ohne Hinweis auf die Auferstehung Jesu Christi. Frenssens Hoffnung ging in eine andere Richtung, während er mit dem Auto durch die Marsch und durch die Dörfer unterwegs war: „Wir fahren 10 Kilometer westwärts; da sind wir mitten in den alten Kögen. Große schöne Erbhöfe. Und die Sassen, die Insassen – hoffe ich, sowie ich vorüberfahre – alle Ehrer, Verehrer, Geschworene mit Adolf Hitler dem Deichbauer, dem Bauer

Der weltberühmte Erzähler Gustav Frenssen aus Barlt hatte sich auf besondere Weise zum Propagandisten der NS-Landgewinnungsideologie gemacht.

des deutschen Volkes!“ Schließlich war er am Ziel, blickte über das neue Feld, sah – die festen Gebäude waren noch nicht errichtet – die Siedlerhütten und die Menschen – nicht bei der Zerstreuung, sondern bei der Arbeit, und Frenssen schrieb, ganz völkischer Propagandist: „Die Männer sind beim pflügen, mit einem, zwei und drei Gespann; Vater oder Bruder lieferten das dritte. Die Frauen – man sieht es am Rauch der Schornsteine – bereiten das Abendbrot. An zwei Stellen – wahrhaftig! – steht eine junge Frau im Feld, über den Spaten gebückt, und macht die kleinen Abzuggräben so um ein Fuß breit und bis zwei tief, und hilft so ihrem Mann. Sie hat in der Hütte nicht genug Arbeit. Es fehlen noch Stuben, Stall und Garten, Kälber und Kinder. Schwere Spatenstiche in diese feste, fette Erde! Im Herbst, noch vor der Erntezeit, wird hier ein festes Haus stehn. Wohnhaus, Stallungen und Scheune in einem Bau. Warte bis dahin, dann wirst Du übergenug zu tun haben!“ Als Frenssen dies sah, war ihm das Eis gebrochen: „Ja, hier also obgleich der Wind sehr frisch ist und der Himmel grau: hier ist nun Frühling! Hier ist er mit Händen greifbar, mit Augen sichtbar! Junges Land, das sich zur Ernte anschickt! Junge Paare, die sich selbst ihr neues Heim erbaun, ihre Heimat, und die ihrer Kinder und Enkel. Im Vertraun! Im Vertraun, daß die ewige Macht Arbeit, Treue und Tapferkeit nicht ohne Lohn, nicht ohne Segen läßt. Osterstimmung! Osterglaube! Denn das ist auch der Sinn der Botschaft von den Altären im Land, am Ostermorgen: Was edel ist, läßt Gott nicht sterben. Er weckt es neu und immer neu zu neuem, edlen Wollen und Wirken.“ Frenssens hymnische Eindrücke lesen sich, als habe er einen Blick auf das gelobte Land geworfen – als sei für ihn der

Gehörten zum motivlichen Kanon völkischer Verklärung des Landlebens: „Pflüger“...

Adolf-Hitler-Koog „des Volkes wahrer Himmel“[114]. Dies gelobte Land war freilich nicht von Moses entdeckt, sondern, so sah es Frenssen, von Adolf Hitler gebaut. Biblische Assoziationen lagen dem ehemaligen Pastor Frenssen nicht fern. Und so musste er, als er eine „alte Frau auf dem neuen Deich des Adolf-Hilter-Koogs“ traf, an Jesus denken, der über Jerusalem weinte, „weil er wußte, daß die Stadt zerstört werden würde“. Frenssen schrieb über die Begegnung: „Als ich die Frau neben mir weinen hörte und nach dem Grunde fragte, sagte sie: ‚dies Bild, dieser mächtige neue Deich mit dem wunderbaren Schwung seiner Böschung nach der See zu, diese vielen neuen Häuser, jedes, auch das des Arbeiters in seinem eigenen Feld, diese weiten Äcker mit ihrer sicheren Ernte, die Schule dort, die nun in sechs Jahren bevölkert sein wird … es ist zu ungewohnt, nie gesehn, nicht erwartet, zu freundlich, zu schön! Es überwältigt mich!“ Diese individuelle Ergriffenheit verallgemeinert Frenssen gern zu einem Lob für die nationalsozialistischen Machthaber: „Es ist ein gutes Zeichen für eine Regierung, wenn sie an vielen, vielen Stellen im weiten Deutschen Reich ernste, schwere, mühsame Menschen vor Freunde weinen macht.“[115] Wer Gustav Frenssen las, sollte wohl annehmen, an der Elbmündung sei an ein [illegible] Jerusalem gebaut worden. Und Gustav Frenssen wäre dessen Prophet.

…und „Sämann“, beide abgebildet in Gustav Frenssens Buch „Saat und Ernte“.

Der Gang der Dinge im „Faust II“ und die dämonische Energie, die Mephisto entfesselt hat, wenn es darum geht, neue Deiche zu bauen, können zu einem literarischen Leitmotiv, zu einem Muster werden, [illegible]-verführerische Idee eines großen nationalsozialistischen, propagandistischen Eindeichungsvorhabens

Der täglich sie erobern muß.
Und so verbringt, umrungen von Gefahr,
Hier Kindheit, Mann und Greis sein tüchtig Jahr.
Solch ein Gewimmel möcht' ich sehn.
Auf freiem Grund mit freiem Volke stehn.
Zum Augenblicke dürft' ich sagen:
Verweile doch, du bist so schön!
Es kann die Spur von meinen Erdetagen
Nicht in Äonen untergehn. –
Im Vorgefühl von solchem hohen Glück
Genieß' ich jetzt den höchsten Augenblick.

Faust sinkt zurück, die Lemuren
fassen ihn auf und legen ihn auf den Boden

MEPHISTOPHELES

Ihn sättigt keine Lust, ihm g'nügt kein Glück,
So buhlt er fort nach wechselnden Gestalten;
Den letzten, schlechten, leeren Augenblick,
Der Arme wünscht ihn festzuhalten.
Der mir so kräftig widerstand,
Die Zeit wird Herr, der Greis hier liegt im Sand.
Die Uhr steht still –

CHOR

Steht still! Sie schweigt wie Mitternacht.
Der Zeiger fällt.

Max Slevogt, Illustration zu „Faust II", 1927.

zu entschlüsseln. Wurde an der Elbmündung nicht realisiert, was in der ‚Tragödie zweiter Teil' vorgezeichnet war? Ein neuer Deich wird gezogen, Land wird gewonnen, ein neuer Hafen wird angelegt. Und so, wie im Schauspiel ein altes Kirchlein verschwinden muss, so wird im Koog die Planung einer Kirche gestoppt. Stattdessen ist bald ein „Luginsland" errichtet, um wie aus dem Turmzimmer der Neulandhalle über Köge, Deich und Watten „ins Unendliche zu schaun". Und so wie Faust erblindet ist und das Spatengeklapper der Lemuren als Zeichen dafür nimmt, dass ein neuer Deich gebaut wird, so ist die deutsche Öffentlichkeit blind dafür, dass das Spatengeklapper von der Baustelle im Adolf-Hitler-Koog, propagandistisch-medial um ein Vielfaches verstärkt, von Expansionspolitik und Kriegsvorbereitungen ablenken sollen und dass die Nationalsozialisten Deutschland und Millionen Menschen ein Grab zu schaufeln begannen.

In der weiteren Geschichte der Neulandhalle, des Adolf-Hitler-Koogs und des nationalsozialistischen Deutschlands ist auf monströse Weise bestätigt worden, was Heinrich Detering im zweiten Teil von Goethes Faust als Zusammenhang erkennt „zwischen Fausts Landgewinnungsprojekt, der Weltherrschaft als satanische Versuchung, den Kriegstrommeln im Parterre und dem letzten Wort, das Mephisto über das Ende von Fausts Projekt sprechen wird: ‚Und auf Vernichtung läufts hinaus.'"[116]

Es scheint, als läge die teuflische Warft, die Dusendüwelswarf vielleicht gar nicht in Hemmingstedt, sondern dort im Koog, der Hitlers Namen trug. Und diese auf ihre Weise mephistophelische Warft trägt kein Denkmal als Erinnerung an den Triumph des freien Bauerntums, vielmehr bewahrt die Neulandhalle auch die Erinnerung an das Gegenteil: dessen Kapitulation.

Der Erzähler Gustav Frenssen in Barlt und der Adolf-Hitler-Koog waren ein kulturell-ideologisches Doppelpack für nationalsozialistische Pilgerfahrten von Reisegruppen, Parteigliederungen und Journalistenreisen.

Gustav Frenssen jedenfalls erreichte zum 80. Geburtstag im Kriegsjahr 1943 noch ein düsterer Gruß. Der Schriftsteller Hans Leip (1893–1983), berühmt geworden als Dichter des Liedes von „Lili Marleen", widmete Frenssen ein Gedicht „in Verehrung von Jugend auf, geschrieben an dem Tage, da Deutschland allein blieb, 9. September 1943" mit dem Titel „Besinnung".[117] Es griff auf seltsame verwandte und verwandelte Weise Hitlers Metapher vom Deutschen Reich als Koog im Weltenmeer auf, von der Hitler am 29. August 1935 bei der Grundsteinlegung für die Neulandhalle gesprochen hatte. Nun war im Koog nichts als Untergang zu spüren:

„Dort im Koog, / wo das Vieh blank / im fetten Grase steht, / in den reichlichen Lüften verzog / sich der Schwalch der Not.

Was denn wartest Du unterm Sonnenblut / Auf dem Deich / Und blickst sehnsüchtig fern / Nach dem dunkeln Boot?

Das hob sich / und versank. / Und vom Hof her / Klagt der Hund um den gefallnen Herrn.

Wie schwer / ist der Weg, der ins Trostlose geht – / O Seele, Seele bewahre dich, Seeschwalben gleich, / über der steigenden Flut!"

Zur Besinnung ist Gustav Frenssen allerdings nicht mehr gekommen.

Perspektivische Überhöhung der Neulandhalle zu einem [illegible] zwischen Himmel und Erde. Ölgemälde von Otto Thämer 1936.

Neulandhalle 5. 6. 88

Neulandhalle hinter Rotkohlfeld im Blattgrün halb verborgen. Aquarell von Claus Vahle, 1988.

ÜBERHÖHT, GESCHRUMPFT, VERGESSEN

Privates weihnachtliches Gedenkblatt zur Gausammlung des Winterhilfswerks. Die Neulandhalle war ein Motiv auf dem Spendenabzeichen. In dieser Serie gab es vier weitere Motive: Das Altonaer Rathaus, das Flensburger Nordertor, Schloss Gottorf in Schleswig und das Marineehrenmal in Laboe

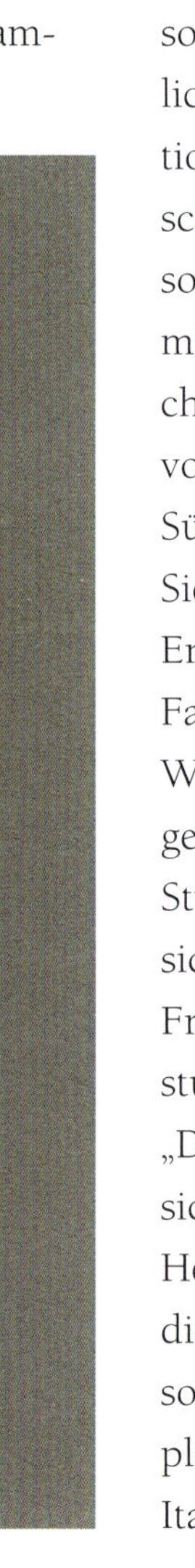

Josef Goebbels, Reichsminister für Volksausklärung und Propaganda, war sich des Adolf-Hitler-Koogs samt seines propagandistischen Potentials bewusst. Der Bergsteiger und Filmregisseur Luis Trenker (1892–1990), Filme wie „Berge in Flammen“ (1931) hatten ihn berühmt gemacht, fühlte sich als gebürtiger Tiroler Italien ebenso verbunden wie Deutschland, und er war weder ein Gegner der italienischen Faschisten noch der deutschen Nationalsozialisten. Er hatte Zugang zu maßgeblichen Repräsentanten beider Administrationen. Bei einem Besuch beim italienischen faschistischen Diktator Mussolini, so erinnerte sich Trenker später, habe er mit diesem über ein Filmprojekt gesprochen, das unter dem Titel „Ein Stück Erde“ von der Trockenlegung der Pontinischen Sümpfe handeln sollte. „Bravo, machen Sie das!“ hatte Mussolini nach Trenkers Erinnerung gesagt, und eine deutsche Fassung habe er sich ebenso gewünscht. Wieder in Berlin habe es Schwierigkeiten gegeben, einen deutschen Verleih für „Ein Stück Erde“ zu finden und Trenker erbat sich ein Gespräch mit Goebbels, weil die Fragen aus Rom, wie es um die Sache stünde, Trenker in Verlegenheit brachten. „Der empfing mich aber nicht,“ erinnerte sich Trenker, „sondern ließ mir sagen, das Hemd sei den Herren in Berlin näher als die Jacke. Ich solle, wenn ich schon einen solchen Film drehen wolle, den Schauplatz von den Pontinischen Sümpfen in Italien zum ‚Adolf-Hitler-Koog‘ an die

Nordsee verlegen." Dazu kam es freilich nicht: „Ich konnte unmöglich die Einladung Mussolinis damit beantworten, daß ich denselben Stoff in Norddeutschland verwirklichte. Zudem waren die Voraussetzungen völlig andere. Es handelte sich um ganz verschiedene Landschaften und Menschen, gar nicht zu reden von dem Kampf gegen die Malaria, der bei der Trockenlegung der Pontinischen Sümpfe die Hauptrolle spielte, während es ähnliche Probleme am ‚Adolf-Hitler-Koog' überhaupt nicht gab."[118]

Ein Jahrzehnt lang ist die Neulandhalle Zielort eines nationalsozialistischen Propagandatourismus gewesen – für Journalistenreisen, für Radiojournalisten, die ihre Sendungen von dort über die Reichssender ausstrahlten und über die Helden aus der Schlacht bei Hemmingstedt vom Februar 1500 und über die Neulandhalle selbst berichteten, für Delegationen und Gäste aus allen Teilen Deutschlands, aber auch aus Dänemark, den Niederlanden, England, Frankreich, Polen, Italien und Japan. Durch Bildreportagen in Zeitungen erreichten der Koog und die Neulandhalle reichsweite Bekanntheit.

Nach dem Ende des Nationalsozialismus in Deutschland änderten sich auch dort die Zeiten. Die offensichtlichen Hoheitszeichen der Diktatur sind alsbald entfernt worden, die Hitlerbüste, der Reichsadler mit Hakenkreuz, 1948 auch die beiden Großplastiker von Ludolf Albrecht.

Die Propaganda tat punktuell noch ihre Wirkung. Karl Friedrich Baedeker (1910–1979), Urenkel des berühmten Firmengründers des Reiseführer-Verlags, wagte nach dem Ende des Zweiten Weltkriegs 1948 in Malente einen Neuanfang. Als einer der ersten Titel legte er 1949 ein Reisehandbuch für Schleswig-Holstein vor. Dort findet auch die „große Neulandhalle" Erwähnung[119], die begrifflich nicht weit entfernt ist von der „Großen Halle", die Albert Speer für Adolf Hitlers „Welthauptstadt Germania" entworfen hatte. Im Gegensatz allerdings zu Speers gigantomanischen Plänen ist die „große Neulandhalle" ein Bau mit ziemlich bescheidenen Abmessungen und der Kubatur eines schleswig-holsteinischen Bauernhauses. Erst die propagandistisch überhöhte Darstellung, etwa in dem Gemälde von Otto Thämer, lässt das Gebäude in der Wahr-

Sonderstempel mit Neulandhalle, abgestempelt am 30. Januar 1938 – fünfter Jahrestag der Ernennung Hitlers zum Reichskanzler.

Die Neulandhalle mit Glockenturm – auch die Glocke des Reichsnährstands hängt noch - als Umschlagabbildung auf der Dorfchronik, 1960.

nehmung und Vorstellung wachsen – zu einem kühn aufragenden Bauwerk zwischen Himmel und Erde. Ein halbes Jahrhundert nach dem Ende der nationalsozialistischen Diktatur und ihrer Volksgemeinschaftsideologie sieht der Künstler Claus Vahle[120] auf die Neulandhalle, nicht mehr aus der Untersicht erhoben und erhaben gelegen und nahezu an die Wolken reichend, sondern auf Normalmaß geschrumpft – ein Gebäude, das sich nicht mehr exponiert, sondern hinter Blattgrün duckt.

Die Neulandhalle verwandelte sich in einen gediegenen Landgasthof, der für seine Krabbenbrote eine gewisse Bekanntheit erlangte. Otto Thämer war entgeistert darüber, das nun aus der feierlichen Halle eine rustikale Gastwirtschaft mit ausgestopften Vögeln geworden war – vor die Tafel, die an die Grundsteinlegung durch Adolf Hitler erinnerte, – man sieht es auf den Abbildungen jener Zeit – stellte man eine Kommode: „Besonders die Fresken im Dieksander-Koog b. Marne sind sehr gefährdet durch das Unverständnis der Pächterin des Restaurants (das jetzt daraus geworden ist, im Gegensatz zum ursprünglichen Zweck eines Vesammlungs-Raums für die Deichgrafen u. Bevollmächtigten“, schrieb Thämer im Mai 1968 an den schleswig-holsteinischen Landeskonservator, und: „Der Raum ist seit Jahren so entsetzlich vollgestellt mit geschmacklosen Möbeln aus Natur-Eichen-Ästen – Möbeln, Württemberger Metallwaren etc etc. dass es fürchterlich ist. Aber vor allem werden die Fresken durch die Möbel, die an den Wänden stehen, zerkratzt.“[121] Besondere Schutzmaßnahmen sind seinerzeit nicht ergriffen worden, und Thämer dürfte sprachlos gewesen sein, wenn er erfahren hat, was wenige Jahre später mit seinen Wandbildern geschehen sollte.

Am Bußtag des Jahres 1973 nahmen die Kirchenkreise Norder- und Süderdithmarschen das Gebäude als kirchliche Begegnungs- und Freizeitstätte in Betrieb. Bei vorangegangenen Umbauarbeiten ab Juli 1972 sind Fenster und Bemalungen erneuert worden. Eingebrochen wurde auch, Ziel der Einbrecher war die Kassette, die Hitler im 29. August 1935 vermauert hatte. Die Wandbilder, die den Hausbau, den Sämann und die Schnitterin zeigen, sind im Zuge der Umbauten herausgeschlagen worden – es galt, Platz für Durchgänge und Einbauschränke zu schaffen – der wenige Jahre zuvor angerufene Landeskonservator hatte offenbar nicht bis an die Elbmündung geschaut oder Thämers Hilferuf vergessen. Während der Zeit als kirchliche Jugend- und Freizeitstätte ist die nationalsozialistische Vorgeschichte des Hauses im Jubiläumsheft mit Zitaten aus „Dokumenten des Anfangs“ offengelegt worden[122]. Bildkünstlerische Spurensuchen etwa des Künstlers Claus Vahle und des Fotokünstlers Ralf Meyer zeigten, wie das Pathos der auf ihre Wirkung bedachten Architektur und Baukunst im alltäglichen Betrieb einer Jugendherberge in sich zusammenfiel. Meyer porträtierte etwa das ehemalige „Gauforum Weimar“, das „Reichsparteitagsgelände“ in Nürnberg, den Obersalzberg, das Seebad Prora auf Rügen, den Flughafen Tempelhof. In dieser Reihe sah er auch die Neulandhalle, die nun ihrer propagandistischen Aufladung entledigt war.

Als die Bürgerschaft des Ortsteils Dieksanderkoog der Gemeinde Friedrichskoog, organisiert durch einen Festausschuss, am letzten Juni-Wochenende des Jahres 1985 das 50jährige Bestehen des Koogs feierte, spielte die Neulandhalle keine besondere Rolle. Die Feier fand in einer Kohlscheune im Koog statt, und die Liste der offiziellen Gäste war lang: Kreispräsident, Leitender Kreisverwaltungsdirektor, Amtsvorsteher, eine Reihe von Bürgermeistern, Verbandsvertreter, Bundestagsabgeordneter, Landtagsabgeordneter, Pastor. Der Präsident des Schleswig-Holsteinischen Heimatbunds, Dr. Werner Schmidt, hielt die Festrede. Über die Geschichte des Kooges ist seinerzeit allerdings nicht gesprochen

Souvenir aus dem Dieksanderkoog, 1960er Jahre.

Nach dem Ende des Nationalsozialismus 1945 wurde die Neulandhalle zu einem rustikalen Landgasthof umdekoriert.

„Neulandhalle, Dieksander-Koog", 2003, aus dem Buch- und Ausstellungsprojekt „Architektonische Nachhut – Hinterlassenschaften des Nationalsozialismus, 2001–2006", fotografiert von Ralf Meyer.

Bescheidenes Symbol kirchlicher Nutzung: Friesenbaum-Variation und Holzkreuz auf dem „Blut-und-Boden"-Kamin, 2003 fotografiert von Ralf Meyer.

Ansichten der Tische aus der Ersteinrichtung der Neulandhalle vor Thämer-Wandbild. Claus Vahle, Aquarell 1988.

worden – nur zweimal näherten sich die Redebeiträge dem für die Dorfgemeinschaft, für die Gemeinde und für die Öffentlichkeit offenbar „wunden Punkt“: Der Vorsitzende des Kirchenvorstands der Kirchengemeinde Vereinigte Süderdithmarscher Köge erinnerte an das 1. Gebot – ‚Du sollst keine anderen Götter haben neben mir‘ – „in Hinblick auf den, der Europa in Brand gesteckt hat“. Und der Amtsvorsteher erinnerte sich daran, dass er und seine spätere Frau für das „‚Oberhaupt‘ der damaligen Zeit“ Spalier gestanden hatten. ‚Oberhaupt‘, „dessen Name“, so eine journalistische Beobachterin, „nicht einmal genannt wurde während dieses Festnachmittags“.[123] Vor der Festversammlung hatte am Ehrenmal an der Neulandhalle eine Kranzniederlegung stattgefunden. Die nationalsozialistische Vergangenheit des Koogs und die ehedem überörtliche propagandistische Bedeutung war im Ort präsent, allerdings außerhalb der Tagesordnung, außenhalb des offiziellen Festprogramms und ohne offizielle Gäste von der beeindruckenden Gästeliste – durch eine kleine Ausstellung in der Gastwirtschaft des Ortes.[124]

KANTS AUFENTHALT

Ob Hermann Kant (1926–2016) aus Ostberlin wegen der Krabbenbrote in den ehemaligen Adolf-Hitler-Koog gefahren war? Er kannte Koog und Neulandhalle genau, er hatte deren Geschichte vor Jahrzehnten zum Teil seines berühmten und gelobten Romans „Der Aufenthalt" gemacht. Dieser Roman, 1977 erschienen, erregte Aufsehen bei Kritik und Leserschaft. Noch im legendären „Literarischen Quartett" des ZDF lobte Kritiker-Papst Marcel Reich-Ranicki das Werk als ein „sehr wichtiges, sehr beachtliches Buch"[125]. Rolf Schneider schrieb seinerzeit im SPIEGEL, „Der Aufenthalt" sei nicht nur das beste Buch des Autors, „sondern auch das beste Buch auf die Themen Kriegsende, Gefangenschaft, Nachkrieg, das wir in deutscher Sprache besitzen."[126] Es geht um den 19jährigen Mark Niebuhr, Drucker aus Marne in Dithmarschen, der nach Kriegsende 1945 in polnischer Gefangenschaft in einem Gefängnis im ehemaligen Warschauer Ghetto sitzt und von einer Frau fälschlicherweise als Kriegsverbrecher beschuldigt und für einen SS-Mann gehalten wird, der ihre Tochter umgebracht hat. Niebuhr erlebt eine düstere Zeit an einem düsteren Ort, er wird verhört, schikaniert, zu Arbeitseinsätzen befohlen und mit wahren Kriegsverbrechern in eine Zelle gesteckt. Ihm wird bewusst, dass er als deutscher Soldat Schuld auf sich geladen hat, obwohl sich die Verwechslung aufklärt und er freigelassen wird. Kontrapunktisch zu seinem Leben in Lager und Zelle erinnert sich Niebuhr an seine unbeschwerte Jugend in Dithmarschen: „Ich fuhr gern allein mit dem Rad durch die Marsch, im Herbst, wenn Nebel über den blauen Kohlfeldern lag. Ich saß gern allein auf der Seeseite am Dieksanderdeich; ich saß da am Weltenrand in Wind und Vogelschrei und folgte den ablaufenden Wassern hinüber zu den schottischen Fjorden."[127] Hermann Kant beschrieb die Erinnerungen seiner Figur Mark Niebuhr farbig und nah an der historischen Realität, nah an den örtlichen Gegebenheiten in Dithmarschen. Der Kanal mit der Eisenbahnbrücke von Hochdonn gehört dazu, die kleinstädtische Szenerie in Marne und vor allem der heutige Dieksanderkoog mit der Neulandhalle: Diese „... mit bunten Kirchenfenstern, aber nicht mit der Jungfrau Maria oder Jesus am Kreuz, sondern mit Soldaten und Arbeitsdienstmännern, und neben der Halle war auf der Wurt die Glocke des Reichsnährstands aufgehängt, und eine Eiche hatte der Führer selbst gepflanzt, und wenn Schulausflug war zur Neulandhalle, kam manchmal der Ortsbauernführer Wrede und erzählte, wie es gewesen war, als ihm der Führer mit Handschlag das Land zu Lehen gegeben habe.“[128]

Die Geschichte von individueller und kollektiver Schuld, die Kant in „Der Aufenthalt“ erzählt, ist autobiographisch grundiert. In seinen Lebenserinnerungen „Abspann“ etwa schrieb Kant über seine Hauptfigur Mark Niebuhr: „Ich wollte für die Romanfigur einen norddeutschen Namen, und später gefiel es mir, daß ich dank seiner im Buch ein Erlebnis unterbringen konnte. Zugetragen hatte es sich im Februar 45 … Ich hatte einen kranken, alten Mann ins Lazarett gebracht und die Gelegenheit benutzt, meinen angefrorenen Fuß vorzuzeigen. Ich wurde auf die Warteliste gesetzt, endlich aufgerufen und wegen der Unerheblichkeit meiner Blessur vom deutschen Sanitäter abgewiesen. Eine sowjetische Ärztin jedoch stellte mir die

Stein des Anstoßes: Die Glocke des Reichsnährstands, die der DDR-Autor Hermann Kant Anfang der 19[illegible]0er Jahre bei einem Besuch im Dieksanderkoog noch vorfand.

unvermeidbare Frage, ob ich mit einem gewissen Philosophen verwandt sei. Es gelang mir, die Antwort in der Schwebe zu lassen, und ich kam in das Lazarett, wo man mir, wie ich mir zu vermuten erlaube, nicht nur den Fuß gerettet hat."[129] Hier ist es die Erinnerung an den Königsberger Denker Immanuel Kant, die aufmerken lässt, im Roman geht es dann um den berühmten Historiker Barthold Niebuhr, Sohn des Arabienreisenden Carsten Niebuhr aus Meldorf.

Ich hatte im Jahr 1986 Kontakt zu Hermann Kant gesucht, als ich mich mit der Geschichte meiner sperrigen Heimat be-

Erstausgabe des Romans, gleichzeitig in Ost-Berlin und Neuwied 1977 erschienen.

schäftigte und den „Aufenthalt" gelesen hatte, der dazumal schon neun Jahre auf dem Markt war. Dabei schrieb ich nicht ohne Bedenken an den berühmten Mann: Er war ein linientreuer DDR-Funktionär. Später nannte Reich-Ranicki ihn einen „Halunken"[130]. Sarah Kirsch sagte Lesungen ab, wenn die Veranstalter auch Hermann Kant gebucht hatten.[131] Und Günter Grass hielt ihm sein Verhalten gegenüber oppositionellen DDR-Autoren vor, sagte ihm aber auch zu, er werde ihn immer „als den Autor von Büchern wie ‚Der Aufenthalt' verteidigen"[132]. Ich hatte Kant angeschrieben und war wohl die erste fragende Stimme aus Schleswig-Holstein in dieser Sache. Denn Kant antwortete mir seinerzeit nicht gleich auf meine Fragen, sondern schrieb: „Ganz vorneweg erst einmal meinen Dank für Ihr Interesse. Ich will nicht behaupten, ich hätte seit sieben oder acht Jahren auf einen ähnlichen Brief aus Marne gewartet, aber etwas verwundert hat es mich doch, dass im erfreulich starken Echo auf den ‚Aufenthalt' nie ein Pieps aus Marne zu hören war."

Warum Marne? Das war eine der Fragen, die ich Kant stellte, und seine Antwort führte geradewegs zur Neulandhalle. Hermann Kant schrieb: „Mit der Ortswahl ist es einfach und vielleicht auch nicht einfach. Da Sie das Buch genau zu kennen scheinen, werden Sie sich des Umstands erinnern, dass die polnische Nachprüfung der Angaben Niebuhrs unter anderem so lange dauert, weil der Verdächtige aus einer Stadt in der britischen Besatzungszone zu sein behauptet. Das war mir für den Gang der Romandinge wichtig, aber ich kannte nicht sehr viele geeignete Städte. Kenntnis brauchte ich jedoch, weil lokales Kolorit für die Glaubhaftigkeit einer Sache wichtig ist."[133] In seiner Antwort vom Oktober 1986 ging Kant die literar-topographischen Möglichkeiten durch: „Hamburg, wo ich aufgewachsen bin, war für meinen Helden nicht der richtige Platz, Parchim, wo ich gelernt habe, ist ein Ort in der ehemaligen sowjetischen Besatzungszone, Ratzeburg, das ich von Kinderferien kenne, habe ich im „Impressum" abgeschildert. Aber Marne. Marne hatte die richtige Grösse, lag in der richtigen Gegend, und eine gewisse Vorstellung hatte ich von diesem Ort. Ich bin im Herbst 44 dort und in Dingerdonn im Quartier gewesen, weil unsereins etwas anfertigen sollte, was „Friesenwall" hiess und gedacht war, die Engländer an einer Invasion zu hindern. Marne hat mir gefallen, ich hatte es in guter Erinnerung und habe es Anfang der sechziger noch einmal besucht. Allerdings bei Gelegenheit einer Reise, die mich zur Neulandhalle in Dieksanderkoog führte, wo damals noch die Glocke des „Reichsnährstandes" stand. Ich war Journalist zu dieser Zeit. Seitdem bin ich gelegentlich von Hamburg aus dorthin gefahren."[134]

Hermann Kant: Schriftsteller und DDR-Funktionär.

Ein Jahr später erst, als die zweite Auflage eines Buches aus der Druckerei in Leipzig kam, in dem Reportagen des Journalisten Kant gesammelt waren, hörte ich wieder aus Ost-Berlin. Der Sammelband „Zu den Unterlagen" war erstmals 1981 in der DDR erschienen, ein Jahr später gab es eine an Inhalt und Überschrift gekürzte westdeutsche Ausgabe in der „Sammlung Luchterhand": „Unterlagen" war ihr Titel. In der Luchterhand-Ausgabe gab es keine Spuren, die zur Neulandhalle wiesen. Jetzt schickte mir Hermann Kant ein Buch aus der zweiten DDR-Auflage, versehen mit einer freundlichen Widmung, die zugleich eine kleine Leseanweisung enthielt: „Für

Frank Trende, Landsmann Mark Niebuhrs, mit der Bitte, die Entstehungszeiten dieser Aufsätze zu beachten …"[135] Und dieser Band enthielt tatsächlich eine Reportage mit dem Titel „Dithmarschen", die dezidiert und amtlich-antifaschistisch den Dieksanderkoog samt Neulandhalle ins Visier nahm: als ein Refugium, in dem sich die nationalsozialistische Vergangenheit im Alltag erhalten hatte und ganz unverhohlen präsent war. Kant schrieb in diesem Text, der 1962 erstmals gedruckt wurde, von „mittelalterlichen Kehrseiten"[136] der bundesrepublikanischen Gegenwart, und er wollte illustrieren, wie ewig-gestrig die Bundesrepublik der Adenauerjahre seiner Ansicht nach war. Der ehemalige Adolf-Hitler-Koog galt ihm da als besonders sprechendes Exempel. Denn dort war die nationalsozialistische Vergangenheit ja tatsächlich gegenwärtig – mental sicherlich, materiell zu 99 Prozent, denn der Koog mit seinen Gebäuden war ein ausgeklügelter völkischer Vorzeigeort, der bis 1945 Teil der NS-Propaganda gewesen war – reichsweit. Nun nahm Hermann Kant diesen Anspruch auch zwanzig Jahre später beim Wort und rechnete antifaschistisch angespitzt auf die ganze Bundesrepublik hoch, was er im Dieksanderkoog/Adolf-Hitler-Koog sah. Bissig schrieb er: „Als der bekannte Landmann Hjalmar Schacht die Neulandhalle 1936 einweihte, gab er dem Wunsche Ausdruck, dass dieses Gemäuer ‚über gute deutsche Sitte allzeit Hohe Wacht halten' solle. Die auf dem Dieksand gebaut haben, halten sich auch heute noch an dieses markige Wort. Vor allem über eine gute deutsche Sitte hält ihre Halle wie allzeit Hohe Wacht: über die Sitte sich auf keinen Fall auch der schlechtesten Taten zu schämen. Deshalb haben sie…in die Hallenwand zwei Tafeln eingelassen, auf welchen zu lesen steht, wer da ‚für uns' krepiert ist." Und: „Allzeit gedacht soll ihrer werden, und sonntags wollen wir die Glocke für sie läuten! Die Glocke, die ein paar Schritte weiter hängt, das heißt im Augen-

Vollständige und erweitere Ausgabe des Romans 2021, erstmals mit einem Nachwort, das auf die Bezüge des Romans zum Adolf-Hitler-Koog und zur Neulandhalle eingeht.

blick steht sie, denn das Gebälk ist in den fünfundzwanzig Jahren etwas morsch geworden und bedarf der Erneuerung. Aber die Glocke, ein mannshohes Trumm, ist unversehrt. Klar, wie an jenem Sommertag, als Schacht sie zum erstenmal in Schwung setzte, stehen die Worte ‚Blut und Boden' darauf, kräftig wie je spreizt sich der Adler des ‚Reichsnährstandes' auf ihr, und unbeschädigt vereinen sich vier Galgen auf ihr zum Hakenkreuz. Die Glocke vom Dieksanderkoog alias Adolf-Hitler-Koog neben der Neulandhalle, die Jugendherberge und Ausflugsziel ist."[137] – Hermann Kant schließt seine Reportage mit einem Empörungsruf: „Dies Neuland ist ein schrecklich altes Land."[138]

Die westdeutsche Luchterhand-Sammlung enthält lediglich eine Auswahl aus Kants „Unterlagen". „Mir ist nicht verwunderlich," so der Autor in seinem Vorwort der West-Ausgabe, „daß Luchterhand längst nicht alles wollte, was Aufbau liebend gerne wollte. Die Texte dieser beiden Verlage geraten an und in sehr verschiedene Kontexte. Der Verleger in der einen Republik hat es mit anderen vorherrschenden Gesinnungen zu tun als der Verleger in der anderen Republik."[139] Die bissige Reportage über Dithmarschen, den Dieksanderkoog und die Neulandhalle gehörte zur Westauswahl jedenfalls nicht dazu.

Der DDR-Journalist Hermann Kant sah im Dieksanderkoog der Adenauerjahre den düsteren Ort mit Artefakten, die in ungebrochener Tradition zum NS-Staat an Deutschlands dunkelste Zeit erinnerten – ohne Bruch, ohne Kommentar, ohne Distanz. Der Romanautor Hermann Kant hatte Marne und den ehemaligen Adolf-Hitler-Koog mit der Neulandhalle zum verklärten Kindheitsort des Mark Niebuhr im Anti-Kriegsroman „Der Aufenthalt" und damit zum literarischen Ort in einem der wichtigsten deutschen Nachkriegsromane gemacht. Und im Roman von Hermann Kant sitzt der Junge aus Dithmarschen, nach dem Krieg, im Osten im Gefängnis, und seine Gedanken gehen wieder zurück in das Dithmarschen seiner Kindheit. Der Romanautor Hermann Kant hatte als Heimat für sein literarisches *alter ego* nicht irgendeine ländliche Gegend in der britischen Besatzungszone ausgewählt, sondern mit dem ehemaligen Adolf-Hitler-Koog und seiner Neulandhalle einen Symbolort der nationalsozialistischen Volksgemeinschaftsideologie zum verklärten Kindheitsort des Mark Niebuhr gemacht. So wird der damalige Adolf-Hitler-Koog in Mark Niebuhrs Lebensweg zum Gegenpol des ehemaligen Warschauer Ghettos.

Und es liegt eine gewisse zynische Ironie darin, dass der Adolf-Hitler-Koog, die Außenausstellung des Historischen Lernorts Neulandhalle zeigt es, eine Art Probelauf für die deutsche „Lebensraumgewinnung im Osten" sein sollte, die Gedanken der völkischen Eroberer gingen von hier

„Ostland kehrt nach Europa zurück": Der Völkermord an den Juden wird mit Begriffen aus Landgewinnung und Küstenschutz verknüpft.

aus in den Osten. Und während des Weltkriegs nutzten die Nationalsozialisten in ihrem Angriffskrieg im Osten Landgewinnungsmetaphern und sprachliche Bilder, die von der Nordseeküste stammten. In einer völkischen Werbebroschüre „Ostland kehrt nach Europa zurück", von Emil Frotscher (1902 oder1903–1986) 1941 geschrieben, heißt es zum Schluss über das ehemalige Ghetto im litauischen Kaunas: „Es ist für uns mehr als eine Äusserlichkeit, dass der Reichskommissar Hinrich Lohse, … und viele andere mit wichtigen Aufbauarbeiten betraute Persönlichkeiten aus Schleswig-Holstein kommen. Dort wird dem Meer in harter Arbeit fruchtbarer Ackerboden abgerungen. Und hier? Ein Meer brandete gegen die Dämme Europas. Diese Dämme waren morsch und brachen bei der ersten Sturmflut. Welle auf Welle des bolschewistischen Asiatentums ergoss sich über das fruchtbare, schöne Land, über Städte und Dörfer, vernichtete Kultur und Bauerntum. Jetzt wird der Damm aufgerichtet. Land wird erneut gewonnen und der tückischen Sturmflut, die weit zurückgetrieben wurde, Meter für Meter europäischen Kulturbodens abgetrotzt. Deichhauptleute, Bauern und Arbeiter sind am Werk: Ostland kehrt nach Europa zurück."[140]

Hermann Kant begrüßte im Gespräch die Pläne, aus der Neulandhalle, dem Kultgebäude, in dem die nationalsozialistische Volksgemeinschaft auf neu eingedeichtem Boden inszeniert und verherrlicht wurde, zu einem neuartigen Lernort, einen Ort der historisch-politischen Bildung zu machen. Er nannte sein Meisterwerk übrigens stets einen „deutschen Bildungsroman".

ANMERKUNGEN

1 Zum Lernort mit Neulandhalle und Außenausstellung als Tourismusziel siehe Oliver Abraham, „Radeln auf ehemaligem Meeresboden“. In: Die Welt, 17. April 2021, S. 37 ‚Reisen‘.

2 Zur Diskussion über den Umgang mit der Neulandhalle: Siehe etwa Robert Habeck, Blut und Boden aus dem Meer gewinnen – Wie die Verführungsideologie der Nazis funktionierte, lässt sich an der Nordseeküste bis heute studieren. In: die tageszeitung taz, Nr. 9725, 11. Februar 2012, S. 27. Frank Pergande, Die Erben des Neulands. Dieksanderkoog hieß einst Adolf-Hitler-Koog. Die Zeugnisse seiner braunen Gründerzeit sollen nicht in die falschen Hände geraten. In: Frankfurter Allgemeine Zeitung, 30. Juli 2012. Till Briegleb, Gedenkmillionen – Hitlers Watt-Pläne: Ein Erinnerungsort wäre für Schleswig-Holstein teuer – aber wichtig. In: Süddeutsche Zeitung, 9. August 2012. Peter Maxwill, Nazi-Siedlungen an der Nordseeküste Hitlers Kampf gegen das Meer. 21. Oktober 2013, http://www.spiegel.de/einestages/landgewinnung-an-der-nordsee-hitlers-deiche-a-951266.html. Frank Pergande. Die Neulandhalle bleibt „Historischer Lernort“ im früheren Adolf-Hitler-Koog. In: Frankfurter Allgemeine Zeitung vom 11.04.2017. Till Briegleb, Ausstellung statt Abriss. In: Süddeutsche Zeitung, 21. April 2017.
Zur Genese und zum Diskurs über den Lernort siehe insbes. Harald Schmid, „Problemfall hinterm Deich“.
„Böse Bauten“ ist eine ZDF-Dokumentationsreihe, die sich mit den baulichen Hinterlassenschaften der NS-Zeit beschäftigt. Die Folge „Böse Bauten V – Hitlers Architektur an Nord- und Ostsee“ wurde am 1. Oktober 2018 ausgestrahlt und stellte auch die Neulandhalle vor.
International vor allem:
Rachel Stern, Nazi Land Reclamation Hitler's Bid to Create Lebensraum by the Sea http://www.spiegel.de/international/germany/museum-planned-to-document-nazi-land-reclamation-project-a-864515.html.
Antonella Zara, Il turismo nei luoghi della memoria della Germania nazista, Corso di Laurea Magistrale; in Svi-luppo Interculturale dei Sistemi Turistici, Tesi di Laurea, Universita CaFoscari Venezia 2013/2014, zum Adolf-Hitler-Koog mit Neulandhalle s. S. 115–144. http://dspace.unive.it/handle/10579/5184.
Sarah Elaine Lavallee, Monumental shifts in memory. The evolution of german war memorials from the great war to the end oft he cold war. Submitted to the Department of History and the faculty of the Graduate School of Wichita State University in partial fulfillment of the requirements for the degree of Master of Arts, 2014, zum Adolf-Hitler-Koog mit Neulandhalle s. S. 133–138. https://soar.wichita.edu/bitstream/handle/10057/10967/t14021_LAVALLEE_Sarah_SP14.pdf?sequence=1

3 https://lernort-neulandhalle.de/einfuehrung-und-literaturnachweise/

4 Siehe dazu: Claudia Bade, Rezension.

5 Zit. nach Altonaer Nachrichten, 5. April 1927. Siehe Frank Trende, Schleswig-Holsteinische Künstlergruppe „De Warft“.

6 Zur Geschichte des Neufelderkoogs siehe Bährs, 50 Jahre, S. 5 ff.

7 Oberpräsident, Trutz Blanke Hans, S. 2.

8 Völkischer Beobachter, 13. Juli 1935, Nr. 194.

9 Oberpräsident, Trutz Blanke Hans, S. 21

10 Schreiben des Ortsgruppenleiters der NSDAP-Ortsgruppe Friedrichskoog, LASH, Abt. 320 Süderdithmarschen 4523.

11 Jens-Peter Biel, Bauprojekt, 1. Teil, S. 81.

12 Uwe Mai, Rasse und Raum, S. 41.

13 Zu Prinz siehe vor allem Hans-Günther Andresen, Ernst Prinz und Ulrich Höhns, Heimat Formen.

14 Oberpräsident (Hg.), Denkschrift, S. 16.

15 Karl Viktor Müllenhoff, Kämpfe in der Luft, in: Sagen, Märchen, Lieder, S. 247.

16 Zur Rezeption und zur Mythologisierung der Schlacht bei Hemmingstedt siehe Trende, Schlacht.

17 Hans Beeck, Meine persönlichen Erlebnisse. S. 7.

18 Hamburger Nachrichten, 30. August 1935, S. 8. Zu den gewaltsamen Auseinandersetzungen siehe Schwieger, Ende der Weimarer Republik und Stein, Lynchmord.

19 Oberpräsident (Hg.), Neulandhalle. S. 10.

20 Hans Beeck, Meine persönlichen Erlebnisse. S. 7.

21 Hitlers Rede zit. nach Schleswiger Nachrichten, 30. August 1935 und Marner Zeitung, 30. August 1935.

22 Schleswig-Holsteinische Tageszeitung, 31. August 1936, S.5.

23 Schleswig-Holsteinische Tageszeitung, 31. August 1936, S. 5.

24 Richard Brodersen, Grundsätzliches, S. 77.

25 Richard Brodersen, Grundsätzliches, S. 78.

26 Hans-Günther Andresen, Heimatloser Regionalismus, S. 190.

27 Hans Beeck, Meine persönlichen Erlebnisse. S. 7.

28 Jörn-Peter Biel, Bauprojekt Adolf-Hitler-Koog, S. 87.

29 „Unsere Schleswig-Holstein-Fahrt", RAD-Reisebericht. S. 70, zit. nach Jörn-Peter Biel, Bauprojekt Adolf-Hitler-Koog, S. 87/88.

30 Ingeborg Christiansen, Adolf-Hitler-Koog, S. 116. Für den Hinweis auf diese Arbeit danke ich Prof. Dr. Uwe Danker.

31 Werner Durth, Stumme Boten, S. 150.

32 Reinhard Stolze, Neulandhalle, S. 1.

33 Reinhard Stolze, Neulandhalle, S. 6.

34 Ludolf Albrecht, Brief an seine Mutter vom 10. Februar 1936, zit. nach Elisabeth Vorderwülbecke, Heimat . Region – Nation, S. 257.

35 Arthur de Gobineau, (1816-1882), frz. Diplomat und Schriftsteller, gilt als Begründer des rassistischen Denkens, „Versuch über die Ungleichheit der Menschenrassen".

36 Houston Stewart Chamberlain, (1855-1927), engl.-dt. Schriftsteller, „Die Grundlagen des neunzehnten Jahrhunderts" ist ein antisemitisches Standardwerk.

37 Ludolf Albrecht, Meine Arbeiten.

38 Meine frühere Deutung, es handele sich um die Darstellung eines Bauern, habe ich in Trende, Neuland!, Anm. 128 korrigiert. In zeitgenössischen Berichten wird die Figur zum Teil ebenfalls als Darstellung eines Bauern benannt. Zum Teil wird sie als Arbeitsdiestmann erkannt, wie etwa in „Die Neulandhalle im Adolf-Hitler-Koog", Schleswiger Nachrichten, 2. September 1936. Jens-Peter Biel, Bauprojekt Adolf-Hitler-Koog, und Nils Hansen, Adolf-Hitler-Koog, erkennen in der Figur die Darstellung eines Bauern. Danker, Volksgemeinschaft und Lebensraum, Anm. 63, hält meine Interpretation als Arbeitsdienstmann für ‚gewiss naheliegend', aber wohl letztlich nicht für überzeugend, da sie im Gegensatz zur ‚gesamten zeitgenössischen Publizistik' stehe. Im hier nachfolgenden Text versuche ich dennoch, meine Deutung in Bild und Text weiter zu begründen. Das Bauamt des Kreises Süderdithmarschen bezeichnete die Figur 1948 als „Arbeitsmann", siehe dazu: Frank Trende, Neuland!, S. 212.

39 Eintrag Zieglers in das Gästebuch des Ortsbauernführers. 24. Mai 1943.

40 Zit. nach Hans-Jochen Gamm, Kult, S. 93.

41 Hans-Jochen Gamm, Kult, S. 93.

42 Die Hofeigentümer gingen 2008 davon aus, dass das Modell vom Vater bzw. Schwiegervater nach der Realität gefertigt worden sei. Siehe dazu Susanne Frömel, Das Land, 2008, S. 37. Allerdings war die Neulandhal-

le mit vier Fensterachsen zwischen den beiden Großplastiken ausgeführt worden. Das Gipsmodell stellt jedoch fünf Fensterachsen dar und stimmt insoweit mit dem Entwurf von Richard Brodersen überein. Das Modell ist also wohl vor der Realisierung des Gebäudes entstanden. Außerdem deutet die Kunstfertigkeit, mit der das Gipsmodell gefertigt wurde, auf einen Künstler als Urheber hin.

43 Hans Beeck, Meine persönlichen Erlebnisse. S. 5.

44 Vier Aquarelle abgebildet in Frank Trende, Neuland!, S. 34/35, 43, 44, 51. Zu Graba siehe Frank Trende, Willy Graba.

45 Zum Museum in Marne siehe Frank Trende, Skatclubmuseum.

46 Zur Ausstellung im Koog und anschließend im Dithmarscher Landesmuseum siehe Jahresbericht 1935. Museumsakten 1872–1962. Akte 38. Korrespondenzen 11.1935–12. 1936 Museumsakten 1872–1962, Akte 53. Vorträge und Veranstaltungen. Siehe dazu Marie-Theres Marx, Alfred Kamphausen, S. 885.

47 Reichsarbeitsdienst-Vorschrift 1, S.32/33.

48 Zur Umwandlung des freiwilligen Arbeitsdiensts in eine Arbeitsdienstpflicht siehe Wolfgang Benz, Freiwilliger Arbeitsdienst. Zur Beteiligung im Adolf-Hitler-Koog siehe Jörn-Peter Biel, Das Bauprojekt Adolf-Hitler-Koog. Zum Einsatz des weiblichen Reichsarbeitsdienstes im Koog siehe Ingrid Benz, Ein junges Mädchen aus Kiel, S. 257 ff.

49 Harald von Pawlikowski-Cholewa, „Der Führer im Adolf-Hitler-Koog" In: Erinnerungsblatt Arbeitsgau VII, Kiel, September 1935, S. 14.

50 Zu Karl Weise ließen sich keine weiteren Daten ermitteln.

51 Karl Weise, Erlöste Erde, S. 12/13.

52 Karl Weise, Erlöste Erde, S. 49.

53 Karl Weise, Erlöste Erde, S. 33.

54 Zit. nach Jörn-Peter Biel, Das Bauprojekt Adolf-Hitler Koog, 1. Teil, S. 87.

55 Oberpräsident (Hg.), Neulandhalle, S. 29.

56 Brief Brodersen an August Wagner vom 3. März 1936, Berlinische Galerie.

57 Brief Brodersen an August Wagner, Berlinische Galerie.

58 Brief Brodersen an Fa. August Wagner vom 24. September 1941, Berlinische Galerie.

59 Brief Brodersen an Fa. August Wagner vom 9. Februar 1942, Berlinische Galerie.

60 Brief Fa. August Wagner, 4. März 1942, Berlinische Galerie.

61 Reinhold Stolze, Neulandhalle, S. 28.

62 August Krieger, Bildschnitzer.

63 Thämer und Frahm-Hessler arbeiteten offenbar auch bei anderen Projekten zusammen. In Heinrich Claussen, St.-Bartholomäus-Kirche, S. 51, berichtet Thämer von seinem Wesselburener Auftrag, „die sehr reizvolle, etwas höfisch anmutende Barock-Architektur, die durch Zutaten in den fünfziger Jahren des vorigen Jahrhunderts arg entstellt war, wieder zu reiner, klarer Wirkung zu bringen." Thämer war mit der Leitung der Arbeiten betraut, berichtet aber auch davon, dass Inschriften zu erneuern waren, berichtet von neuen Vergoldungen und dem Auftragen von Lasuren auf das Fensterglas. Inschriften und die goldfarbenen Hitler-Worte in der Neulandhalle waren von Franz Frahm-Hessler ausgeführt worden und es liegt nahe, dass er die genannten Arbeiten auch in Wesselburen ausführte. Jedenfalls fertigte er die Umschlagzeichung für die von Claussen geschriebene Festschrift zum 200. Kirchweihjubiläum.

64 Ingeborg Christiansen, Adolf-Hitler-Koog.

65 Siehe dazu Hans-Jochen Gamm, Kult, S. 156ff.

66 Siehe dazu Karl Weise, Erlöste Erde; Weise, Abschied.

67 Siehe Bruno Hoja, Freskenmaler Otto Thämer.

68 Mitteilung des Landesamts für Denkmalpflege Schleswig-Holstein, Kristina Schelinski, Mitteilung vom 7. Mai 2021.

69 Hertha Höck, Atelierbesuche, S. 6.

70 Richard Hamann, Kunst, S. 870/871.
71 Martin Damus, Sozialistischer Realismus, S. 41 ff.
72 Elisabeth Vorderwülbecke, Heimat-Region-Nation, S. 270.
73 Alfred Rosenberg, Mythus, S. 438.
74 Knut Hamsun, Segen der Erde, S. 30/31.
75 Knut Hamsun, Segen der Erde, S. 382.
76 Knut Hamsun, Segen der Erde, S. 383.
77 Marie Hamsun, Bildbiographie, S. 95.
78 Tore Rem, Knut Hamsun, S. 63.
79 Heinrich Detering, Nachwort, S. 385/386.
80 Schleswig-Holsteinische Tageszeitung, 30. August 1935, S. 2.
81 Schleswig-Holsteinische Tageszeitung, 30. August 1935, S. 2.
82 Schleswiger Nachrichten, 30. August 1935, S. 2.
83 Jacob und Wilhelm Grimm, Wörterbuch, S. 863.
84 Jens-Peter Biel, Arbeit am Menschen, S. 296.
85 Jens-Peter Biel, Arbeit am Menschen, S. 296.
86 Alain Corbin, Sprache, S. 15 ff.
87 Alain Corbin, Sprache, S. 390. Johann Wolfgang von Goethes Gedicht „Die wandelnde Glocke“ siehe Goethe, Gedichte, S. 132.
88 Alain Corbin, Sprache, S. 389.
89 Alain Corbin, Sprache, S. 389.
90 Siehe dazu Klaus Groth, Der nationalsozialistische ländliche Siedlungsbau, S. 110 f.
91 Friedrich Schillers Gedicht „Das Lied von der Glocke“ siehe Friedrich Schiller, Werke, Bd. 2, S. 810–821.
92 Alain Corbin, Sprache, S. 390.
93 Alain Corbin, Sprache, S. 139/140.
94 Alain Corbin, Sprache, S. 140.
95 Schleswiger Nachrichten, 30. August 1935.
96 Alain Corbin, Sprache, S. 140/141.
97 Hanns Bächthold-Stäubli, Handwörterbuch, S. 867 ff.
98 Hanns Bächthold-Stäubli, Handwörterbuch, S. 873.
99 Frank Trende, Sagenbuch, S. 51–56, 59/60.
100 Susanne Frömel, Das Land, S. 34.
101 Klaus Jürgen Horn, Neulandhalle, S. 63.
102 Johann Wolfgang von Goethe, Faust, Vs. 682 f.
103 Hinrich Lohse, Vorwort in: Oberpräsident (Hg.), Denkschrift, S. 1.
104 Heinrich Detering, „Die Zeit ist erfüllt“, S. 43.
105 Gustav Frenssen, Glaube der Nordmark, S. 62.
106 Gustav Frenssen Glaube der Nordmark, S. 91/92.
107 Johann Wolfgang von Goethe, Faust, Vs. 11570/11571, 11574-11576 und 11577/11578.
108 Ingeborg Christiansen, Adolf-Hitler-Koog, S. 1.
109 Albrecht Schöne, Kommentar, S. 749.
110 Gustav Frenssen, Ostern.
111 Johann Wolfgang von Goethe, Faust, Vs. 903.
112 Johann Wolfgang von Goethe, Faust, Vs. 919.
113 Johann Wolfgang von Goethe, Faust, Vs. 921.
114 Johann Wolfgang von Goethe, Faust, Vs. 938.
115 Gustav Frenssen, Neuer Mensch, neue Erde.
116 Heinrich Detering, Weltgarten, S. 236.
117 Am 8. September 1943 wurde bekannt, dass Italien ein Waffenstillstandsabkommen mit den USA und Großbritannien geschlossen hatte. Damit war das Bündnis zwischen Italien und dem Deutschen Reich aufgekündigt. Zum Leip-Gedicht siehe Rüdiger Schütt, Hans Leip, S. 223 und 403.
118 Luis Trenker, Alles gut gegangen, S. 414.
119 Baedekers Schleswig-Holstein, S. 218.
120 Zu Vahles Landschaftsmalerei siehe Jutta Müller, Claus Vahle, S. 7–15.
121 Otto Thämer, Brief vom 25. Mai 1968, Landesamt für Denkmalpflege, Akte Neulandhalle.
122 Infoheft Evangelisches Jugend- und Freizeitzentrum Neulandhalle 1973–1983. S. 6–9.

123 edd (= Hedda Maue), 50 Jahre Dieksanderkoog. In: Marner Zeitung, 1. Juli 1985.

124 Siehe dazu Susanne Frömel, Das Land, S. 34. Die Ausstellung habe ich seinerzeit unter Anleitung des damaligen Direktors des Dithmarscher Landesmuseums, Dr. Nis R. Nissen, konzipiert und realisiert. Nach dem Festwochenende 29./30. Juni 1985 im Koog wurde die Ausstellung noch im Heimatmuseum Marner Skatclub gezeigt, siehe dazu: ndt (= Angela Kandt), Ausstellung „50 Jahre Dieksanderkoog". In: Dithmarscher Landeszeitung, 3. Juli 1985.

125 Sendung vom 10. Oktober 1991. Siehe dazu Thomas Anz, Marcel Reich-Ranicki über Hermann Kant -Eine Verteidigung in: http://literaturkritik.de/id/22189.

126 Rolf Schneider, „Zu den Unterlagen" – Zu wissen, wo man steht. In: Der Spiegel Nr. 30/1981. S. 139–141. Siehe auch: Fritz J. Raddatz, Salto in die Sprache der Dinge. Auf der Suche nach unserer Schuld -Eine Prosa-Etüde über die jüngste deutsche Geschichte. In: Die Zeit Nr. 25, 17. Juni 1977, S. 41. Zu weiteren westdeutschen Stimmen zum Roman siehe: Linde Salber, Nicht ohne Utopie – Die wahre Geschichte des Hermann Kant. Kritsch durchgesehene und erweiterte Neuauflage. Ochsenfurt 2015. Dort ‚Jahrhundertroman in der Kritik: Reich-Ranicki, Raddatz, Simonow und der Autor, S. 276–280.

127 Hermann Kant, Aufenthalt, S. 14.

128 Hermann Kant, Aufenthalt, S. 334.

129 Hermann Kant, Abspann, S. 43. Die entsprechende Episode siehe Hermann Kant, Aufenthalt, Kapitel VI, S. 84 ff.

130 Siehe Anm. 122.

131 Sarah Kirsch bat mich, in ihrem Auftrag einen Auftritt im Rahmen der Cordes-Autorenabende in Kiel mit eben dieser Begründung abzusagen.

132 Siehe „Grass beschimpft Kant – ‚Miserables Verhalten' in: Stern, 23. März 2010. http://www.stern.de/kultur/buecher/grass-beschimpft-kant--miserables-verhalten--3571492.html

133 Hermann Kant, Brief an Frank Trende, 31. Oktober 1986.

134 Hermann Kant, Brief an Frank Trende, 31. Oktober 1986.

135 Sammlung Trende.

136 Hermann Kant, Dithmarschen, S. 23.

137 Hermann Kant, Dithmarschen. S. 25.

138 Hermann Kant, Dithmarschen. S. 26.

139 Die Westauswahl erschien unter dem Titel „Unterlagen – Zu Literatur und Politik" in der Sammlung Luchterhand. Darmstadt und Neuwied 1982.

140 Emil Frotscher, Ostland, S. 32.

LITERATUR UND QUELLEN

Peter Adam, Kunst im Dritten Reich. Hamburg 1992.

Else Albrecht. 100 Jahre Ludolf Albrecht. Bildhauer und Gründer der Künstlergilde Pinneberg. In: Jahrbuch für den Kreis Pinneberg 1984. Pinneberg 1983. S. 159–162.

Ludolf Albrecht, Meine Arbeiten im Dienst einer Idee. In: Schleswig-Holsteinische Tageszeitung, 25. Januar 1936, S. 18.

Lars Amenda, „Volk ohne Raum schafft Raum". Rassenpolitik und Propaganda im nationalsozialistischen Landgewinnungsprojekt an der schleswig-holsteinischen Westküste. In: ISHZ 45, 2005. S. 4–31

Hans-Günther Andresen, Ernst Prinz. In: Biographisches Lexikon für Schleswig-Holstein und Lübeck. Bd. 6. Neumünster 1982. S. 223–227.

Hans-Günther Andresen, Heimatloser Regionalismus? Zur nordelbischen Architektur in der NS-Zeit – zwischen ‚hiesigem' Charakter und offiziellem Bauwillen. In: Bärbel Manitz/Thomas Al. Greifeld: Beiträge zur Kunst in Schleswig-Holstein 1933–1945, Heide 1993, S. 151–254.

Hans-Günther Andresen, Von Schleswig-Holsteinischer Heimatschutz-Architektur. In: Gerd Dahms, Giesela Wiese, Rolf Wiese (Hg.), Stein auf Stein. Ländliches Bauen zwischen 1870 und 1930. Schriftenreihe Arbeiten und Leben auf dem Lande, Bd. 6. Rosengarten-Ehestorf 1999. S. 207–236.

Claudia Bade: Rezension zu: Historischer Lernort Neulandhalle, 08.05.2019 Dieksanderkoog/Schleswig-Holstein, in: H-Soz-Kult, 21.05.2020, <www.hsozkult.de/exhibitionreview/id/rezausstellungen-349>.

Hanns Bächtold-Stäubli, Handwörterbuch des deutschen Aberglaubens, Bände 2 und 3. Neudruck Augsburg 2005.

Karl Baedeker, Schleswig-Holstein und Hamburg. Reisehandbuch. Hamburg 1949.

Werner Bährs, 50 Jahre Neufelderkoog 1925–1975. Neufelderkoog 1975.

Ute Beckmann, „Lebensnah und frei von aller Süsslichkeit..." Bildhauerkunst in Schleswig-Holstein 1933–1945. In: Bärbel Manitz, Thomas Al. Greifeld (Hg.), KuNSt ohne Museum. Heide 1993. S. 69–93.

Hans Beeck, Meine persönlichen Erlebnisse am Tage der Einweihung des Adolf-Hitler-Kooges. Meldorf, 2. September 1935 (unveröffentlichtes Typoskript, Privatbesitz).

Wolfgang Benz, Vom Freiwilligen Arbeitsdienst zur Arbeitsdienstpflicht. In: Vierteljahrshefte für Zeitgeschichte. 16. Jg., 4. Heft Oktober 1968. S. 517–546.

Ingrid Benz, Ein junges Mädchen aus Kiel erlebte die Vorkriegszeit, die Kriegs- und Nachkriegszeit, 1925 bis 1948. Norderstedt 2007.

Jens-Peter Biel, Arbeit am Menschen. Arbeit am Boden. Arbeitsdienst in Schleswig-Holstein. Von der freiwilligen Jugendarbeitslagerbewegung zum Reichsarbeitsdienst 1920–1945 (masch.-schriftl. Diss.). Flensburg 2003.

Jens-Peter Biel, Das Bauprojekt Adolf-Hitler-Koog und das Betätigungsfeld des NS-Arbeitsdienstes 1933 bis 1936, 1. Teil in: Zs. Dithmarschen 3/2006, S. 81–92, 2. Teil und Schluss in: Zs. Dithmarschen 2/2007, S. 46–49.

Peter Bönchen, De Warft. In: Schleswig-Holstein-Hamburg-Lübeckische Monatshefte. Lübeck, Juni 1927. S. 190.

Richard Brodersen, Planung und bauliche Gestaltung bei der Besiedlung des Adolf-Hitler-Kooges. In: Zentralblatt der Bauverwaltung, 55 Jg., Heft 39, Berlin, 25. September 1935. S. 772–776.

Richard Brodersen, Grundsätzliches über die Baugestaltung und Baukultur in Schleswig-Holstein. In: Schleswig-Holsteinisches Jahrbuch 1942–43. Flensburg o.J. S. 73–78.

Bürgerstiftung Schleswig-Holsteinische Gedenkstätten (Hg.): Gedenkstätten und Erinnerungsorte zur Geschichte des Nationalsozialismus in Schleswig-Holstein. Red. Harald Schmid. Rendsburg 2020.

Ingeborg Christiansen, Der Adolf-Hitler-Koog, masch.-schriftl. Manuskript, 1938.

Cigaretten-Bilderdienst Hamburg/Bahrenfeld (Hg.), Adolf Hitler – Bilder aus dem Leben des Führers. Auswahl Heinrich Hoffmann, München. Hamburg 1936.

Heinrich Claussen, Die St.-Bartholomäus-Kirche in Wesselburen. Wesselburen 1938.

Alain Corbin, Die Sprache der Glocken – Ländliche Gefühlskultur und symbolische Ordnung im Frankreich des 19. Jahrhunderts. Frankfurt/M. 1995.

Martin Damus, Sozialistischer Realismus und Kunst im Nationalsozialismus. Frankfurt/M. 1981.

Uwe Danker, „Deutscher Lebensraum und Landgewinnung…“ Landgewinnung an der Westküste im 20. Jahrhundert. In: Uwe Danker, Die Jahrhundert-Story Bd. 3. Neumünster 1999. S. 88–107.

Uwe Danker, Machbarkeitsstudie zur Neunutzung als „Historischer Lernort Neulandhalle“. Sonderveröffentlichung 24 des Beirats für Geschichte, Malente 2012.

Uwe Danker, Volksgemeinschaft und Lebensraum: Die Neulandhalle als historischer Lernort. Neumünster 2014.

Uwe Danker, Die Ausstellung des Historischen Lernorts Neulandhalle im Dieksanderkoog – Geschichtsdidaktisch konzipiert, exponatfrei, outdoor ohne Gebäudezugang. In: Zs. Demokratische Geschichte 30, 2020. S. 305–384.

Ricard Walther Darré, Das Bauerntum als Lebensquell der Nordischen Rasse. München 1929.

Heinrich Detering, Nachwort zu: Knut Hamsun, Segen der Erde. Aus dem Norwegischen von Alken Bruns. München 1999. S. 384–400.

Heinrich Detering, „Die Zeit ist erfüllt“ Antimoderne und Kunstreligion in Frenssens Der Glaube der Nordmark. In: Heinrich Detering, Kai Sina (Hg.), Kein Nobelpreis für Gustav Frenssen. Eine Fallstudie zu Moderne und Antimoderne. Heide 2018. S. 43–61.

Heinrich Detering, Menschen im Weltgarten. Die Entdeckung der Ökologie in der Literatur von Haller bis Humboldt. Göttingen 2020.

Kay Dohnke, „…und kündet die Zeichen der Zeit“ – Anmerkungen zur politisch-ideologischen Publizistik Gustav Frenssens. In: Kay Dohnke, Dietrich Stein (Hg.), Gustav Frenssen in seiner Zeit. Heide 1997. S. 220–261.

Werner Durth, Stumme Boten. In: Kat. Architektonische Nachhut. Hinterlassenschaften des Nationalsozialismus fotografiert von Ralf Meyer. Mit Texten von Günter Kunert und Professor Werner Durth. Bielefeld 2007. S. 150–157.

Robert Ferguson, Knut Hamsun. Leben gegen den Strom. München 1992.

Gustav Frenssen, Neuer Mensch – neue Erde. Kampf gegen das Meer im Westen Holsteins. In: Der Tag 1934. Nr. 120. 20. Mai 1934. Wieder in Gustav Frenssen, Texte, S. 181–183.

Gustav Frenssen, Ostern. In: Schleswig-Holsteinische Tageszeitung. 20. April 1935. Wieder in: Gustav Frenssen, Texte, S. 203–204.

Gustav Frenssen, Neuland an der Nordsee. In: Velhagen & Klasings Monatshefte. 50. Jg., 1935. S. 311–316. Wieder in Gustav Frenssen, Texte, S. 206–208.

Gustav Frenssen, Der Glaube der Nordmark. Berlin 1936.

Gustav Frenssen, Lebensbericht. Berlin 1940.

Gustav Frenssen, Texte: das sind Aufsätze, Vorträge, Grußworte, kleine Erzählungen und Gedichte, die außerhalb der Romane, Erzählungen und Schriften des Dichters in Sammelwerken, Zeitschriften und Zeitungen veröffentlicht wurden, hg. von Otto Jordan. Bohmstedt 1978.

Susanne Frömel, Das Land, das Hitlers Namen trug. In: mare – Die Zeitschrift der Meere, Nr. 68, Juni/Juli 2008. S. 32–43.

Emil Frotscher, Ostland kehrt nach Europa zurück. Riga 1941.

Hans-Jochen Gamm, Der braune Kult. Das Dritte Reich und seine Ersatzreligion. Hamburg 1962.

Johann Wolfgang von Goethe, Gedichte. Erster Band der Sämtlichen Werke, Jubiläums-Ausgabe in 40. Bänden herausgegeben von Eduard von der Hellen. Stuttgart 1902.

Johann Wolfgang von Goethe, Faust. Texte. Herausgegeben von Albrecht Schöne. Frankfurt/M. 1994.

Jacob und Wilhelm Grimm, Deutsches Wörterbuch. München 1984. Bd. 29 Wenig – Wiking.

Klaus Groth, Der nationalsozialistische ländliche Siedlungsbau am Beispiel des Adolf-Hitler-Koogs, Schriftliche Hausarbeit für das Lehramt an Gymnasien, masch.-schriftl. Manuskript, 1981.

Klaus Groth, Der Aufbau des Adolf-Hitler-Koogs – Ein Beispiel nationalsozialistischen ländlichen Siedlungsbaus. In: Erich Hoffmann, Peter Wulf (Hg.), „Wir bauen das Reich." Aufstieg und erste Herrschaftsjahre des Nationalsozialismus in Schleswig-Holstein. Neumünster 1983. S. 309–331.

Richard Hamann, Geschichte der Kunst von der altchristlichen Zeit bis zur Gegenwart. Neue erweiterte Auflage. Berlin, Darmstadt 1951.

Knut Hamsun, Segen der Erde. Aus dem Norwegischen von Alken Bruns. Mit einem Nachwort von Heinrich Detering. München 1999.

Marie Hamsun, Hamsun. Eine Bildbiographie. München 1959.

Nils Hansen, Der Adolf-Hitler-Koog. In: Carsten Fleischhauer, Guntram Turkowski (Hg.), Schleswig-Holsteinische Erinnerungsorte. Heide 2006. S. 78–83.

Hertha Höck, Atelierbesuch bei schleswig-holsteinischen Künstlern. In: Schleswig-Holsteinisches Jahrbuch, 20. Jg. Hamburg 1932/33. S. 6–10.

Ulrich Höhns, Heimat Formen – Der Architekt Ernst Prinz (1878–1974). Husum 2005.

Bruno Hoja, Der Freskenmaler Otto Thämer. In: Velhagen & Klasings Monatshefte. Januar 1938. S. 410 ff.

Klaus Jürgen Horn, Neulandhalle. In: Petra Feil, Horst Meyer, Klaus Hinrich Wilkens: 150 Jahre Friedrichskoog – Vom Koog zur amtsfreien Gemeinde. Friedrichskoog 2005. S. 62–65.

Hermann Kant, Der Aufenthalt. Ost-Berlin 1977.

Hermann Kant: Dithmarschen. In: Zu den Unterlagen. Berlin und Weimar 1987, S. 18–26.

Hermann Kant, Abspann – Erinnerung an meine Gegenwart. Berlin und Weimar 1991.

Hermann Kant, Der Aufenthalt. Vollständige, erweiterte Ausgabe. Mit einem Nachwort von Frank Trende. Berlin 2021.

August Krieger, Otto Thämer. In: Die Heimat, Juni 1926. Nr. 6. S. 121–124.

August Krieger, Der Bildschnitzer von der Hallig Hooge. In: Der Schleswig-Holsteiner – Grenzlanddeutsche Monatshefte für Politik und Kultur, Jg. 22, Heft 4/1941, S. 85–86.

Uwe Mai, „Rasse und Raum". Agrarpolitik, Sozial- und Raumplanung im NS-Staat. Paderborn 2002.

Marie-Theres Marx, Alfred Kamphausen – kulturpolitisches Wirken in drei deutschen Staaten. In: Uwe Danker (Hg.), Geteilte Verstrickung:

Elitenkontinuitäten in Schleswig-Holstein. Bd. 2. Husum 2021. S. 861–913.

Ralf Meyer, Architektonische Nachhut – Hinterlassenschaften des Nationalsozialismus. Mit Texten von Günter Kunert und Werner Durth. Bielefeld 2007.

Karl Viktor Müllenhoff (Hg.), Sagen, Märchen und Lieder der Herzogthümer Schleswig. Holstein und Lauenburg. Kiel 1845.

Jutta Müller, Claus Vahle und die bildliche Darstellung der schleswig-holsteinischen Westküste, insbesondere Dithmarschens. In: Marina von Assel, Jutta Müller, Frank Trende, Claus Vahle – Zwanzig Jahre Dithmarschen. Heide 1996. S. 7–15.

Oberpräsident der Provinz Schleswig-Holstein (Hg.), Denkschrift zur Einweihung des Adolf-Hitler-Kooges im Kreise Süder-Dithmarschen in der Provinz Schleswig-Holstein. Kiel 1935.

Oberpräsident der Provinz Schleswig-Holstein (Hg.), Neuland am Meer. Kiel 1936.

Oberpräsident der Provinz Schleswig-Holstein (Hg.), Trutz Blanke Hans. Kiel 1937.

Reichsarbeitsdienst-Vorschrift 1, Ordnungsübungen im Reichsarbeitsdienst. Heft 1. Berlin 1936.

Peter Reichel, Der schöne Schein des Dritten Reiches. Gewalt und Faszination des deutschen Faschismus. Hamburg 2006.

Tore Rem, Knut Hamsun. Die Reise zu Hitler. Berlin 2014.

Werner Rittich, Architektur und Bauplastik der Gegenwart. 2. Aufl. Berlin 1938.

Alfred Rosenberg, Der Mythus des 20. Jahrhunderts. Eine Wertung der seelisch-geistigen Gestaltenkämpfe unserer Zeit. München 1935.

Friedrich Schiller, Werke in 3 Bänden herausgegeben von Herbert G. Göpfert. München 1966. Band 2.

Harald Schmid: „Problemfall hinterm Deich". Der „Historische Lernort Neulandhalle" – Ein schleswig-holsteinisches Erinnerungsprojekt zur Volksgemeinschafts-Ideologie. In: Detlef Schmiechen-Ackermann, Marlis Buchholz, Bianca Roitsch, Christine Schröder (Hrsg.): Der Ort der Volksgemeinschaft in der deutschen Gesellschaftsgeschichte. ‚Nationalsozialistische Volksgemeinschaft' Studien zu Konstruktion, gesellschaftlicher Wirkungsmacht und Erinnerung Bd. 7, Paderborn 2018. S. 459–485.

Albrecht Schöne, Johann Wolfgang von Goethe, Faust, Kommentar, Frankfurt/M. 1994.

Horst Schübeler, Landwirtschaft in Schleswig-Holstein. Böelschuby 1999.

Rüdiger Schütt, Dichter gibt es nur im Himmel. Leben und Werk von Hans Leip. Biographie und Briefedition 1893–1948. Hamburg 2001.

Klaus Schwieger, Das Ende der Weimarer Republik in Süderdithmarschen. In: Nis R. Nissen (Hg.), Süderdithmarschen. 1581–1970. Heide 1970. S. 188–196.

Jan G. Smit, Neubildung deutschen Bauerntums. Innere Kolonisation im Dritten Reich. Fallstudien in Schleswig-Holstein. Kassel 1983. S. 281–315.

Dietrich Stein, Lynchmord in der Südermarsch. Der Tod Adolf Bauers 1932 in Rösthusen bei Marne. In: ISHZ, Beiheft 8, Kiel 2018. Auch erschienen als Dietrich Stein, Lynchmord in der Südermarsch. Der Tod Adolf Bauers 1932 in Rösthusen bei Marne. In: ISHZ 57/58 (2016/2017), S. 6–91.

Wilhelm Stock, Heimatbuch Dieksanderkoog 1935–1960. Friedrichskoog 1960.

Wilhelm Stock, Chronik der Gemeinde Friedrichskoog. Friedrichskoog 1979.

Reinhard Stolze. Die Neulandhalle im Adolf-Hitler-Koog. In: Nordelbingen, Bd. 12. Heide 1936. S. 1–34.

Otto Thämer, Einige Worte zu meinen Fresken in der Neulandhalle. In: Zs. Dithmarschen, Januar/Februar 1937. S. 26–30.

Frank Trende, Nationalsozialistische Symbolik: Die Neulandhalle. In: Zs. Dithmarschen 1/1986. S. 22–24.

Frank Trende, Die schleswig-holsteinische Künstlergruppe ‚De Warft'. In: Kat. Max Kahlke 1892–1928. Das religiöse Werk, Stadtkirche Glückstadt. Einblick ins Werk, Kreismuseum Prinzeßhof Itzehoe. Itzehoe 1992. S. 31–38.

Frank Trende, Nationalsozialistische Symbolik: Die Neulandhalle im Dieksanderkoog. In: Bärbel Manitz, Thomas Al. Greifeld (Hg.), KuNSt ohne Museum. Beiträge zur Kunst in Schleswig-Holstein 1933–1945. Heide 1993. S. 140–150.

Frank Trende, Das Marner Skatclubmuseum – Streifzug durch Haus und Sammlungen. Sonderheft der Zs. Dithmarschen. Heide 1994.

Frank Trende, Willy Graba (1894–1973). In: Willy Graba – Maler auf fünf Kontinenten. Nordfriesisches Museum Nissenhaus. (Kataloge der Museen in Schleswig-Holstein 18). Husum 1995. S. 6–10.

Frank Trende, Ein Gesamtkunstwerk im Sinne des Nationalsozialismus. Die Neulandhalle im Dieksanderkoog sollte Denkmal für die Machthaber werden. In: Flensburger Tageblatt, 29. August 1995. Dokumentiert in: Informationen zur Schleswig-Holsteinischen Zeitgeschichte, Heft 28, Dezember 1995. S. 87 ff.

Frank Trende, Die Schlacht bei Hemmingstedt. Ein deutscher Mythos zwischen Politik, Poesie und Propaganda. Heide 2000.

Frank Trende (Hg.), Schleswig-Holsteinisches Sagenbuch aus der Müllenhoffschen Sammlung, Heide 2004.

Frank Trende, Dithmarschen – Eine Bauernrepublik. In: Gemeinsames Wattenmeersekretariat (Hg.), Das Wattenmeer: Kulturlandschaft vor und hinter den Deichen. Stuttgart 2005. S. 138–153.

Frank Trende, Neuland! war das Zauberwort. Neue Deich in Hitlers Namen. Heide 2011.

Frank Trende, Die Neulandhalle im Dieksanderkoog – Zeugnis der völkischen Ideologie der NS-Zeit. In: Rüdiger Kelm (Hg.), Auf den Spuren der Dithmarscher Geschichte. Erinnerungsorte zwischen Steinzeit und Gegenwart. Heide 2012. S. 134–136.

Frank Trende: Der Kommunist im Adolf-Hitler-Koog. Oder: Wie die Neulandhalle in den wichtigsten Roman von Hermann Kant kam. In: Zs. Dithmarschen 3/2017, S. 22–25.

Frank Trende, Völkischer Kultort, literarischer Erinnerungsort, historisch-politischer Lernort: Die Neulandhalle im ehemaligen Adolf-Hitler-Koog. In: DenkMal! Zs. für Denkmalpflege in Schleswig-Holstein, Jg. 25, 2018. S. 35–46.

Frank Trende, Leben – Raum – Volk – Gemeinschaft: Der Historische Lernort Neulandhalle. In: Zs. Dithmarschen 2/2019. S. 19–20.

Frank Trende, Von den Nationalsozialisten gekapert. Ein Lernort zur nationalsozialistischen Landgewinnung an der Nordsee, der auch vor dem Wiedererstarken des ‚Völkischen' warnt. In: mare – Die Zeitschrift der Meere, Nr. 138, Februar/März 2020. S. 100.

Frank Trende, Auf den Spuren von Mark Niebuhr. In: Hermann Kant, Der Aufenthalt. Vollständige und erweitere Ausgabe. Berlin 2021. S. 601–607.

Luis Trenker, Alles gut gegangen. Geschichten aus meinem Leben. Hamburg 1965.

Elisabeth Vorderwülbecke, Heimat – Region – Nation. Kunst im Nationalsozialismus am Beispiel Schleswig-Holsteins. Dissertation der Philosophischen Fakultät der Christian-Albrechts-Universität zu Kiel. Kiel 1994.

Karl Weise, Heimatklänge. O.O. o.J. (Schleswig 1932).

Karl Weise, Erlöste Erde. Ein Spiel vom deutschen Arbeitsdienst in drei Aufzügen. Berlin 1934.

Karl Weise, Abschied! In: Arbeitsgau VII, Erinnerungsblatt. Kiel 1935.

Karl Weise, Adolf-Hitler-Koog. In: Der Schleswig-Holsteiner. Grenzlanddeutsche Monatshefte. 23. Jg., Heft 7/8. Flensburg 1942. S. 124.

Karl-Heinz Wiechers, Das Thema Landgewinnung in Goethes Faust, Vortrag im Rahmen der Veranstaltungen der Goethe-Gesellschaft in Hamburg. Hamburg 1982.

Zentralblatt der Bauverwaltung vereinigt mit Zeitschrift für Bauwesen, Die Neulandhalle im Adolf-Hitler-Koog, Heft 52, 23. Dezember 1936. S. 1432–1433.

Erinnerungsalbum Heinrich Möller und Konvolut Arbeitsdienst, Sammlung Trende, Groß Vollstedt.

https://lernort-neulandhalle.de/

https://lernort-neulandhalle.de/ausstellung-uebersicht/

BILDNACHWEIS

Bundesarchiv, 103 – Claudia Bade, Zeitschrift „DenkMal!“ 27/2020, Boyens Buchverlag, Umschlag ob – Dithmarscher Landesmuseums Meldorf, 51 – Kay Dohnke/ Dietrich Stein, Gustav Frenssen, Boyens Buchverlag, 87 – Gustav Frenssen, Saat und Ernte, 1933, 83, 84, 85 – Gustav Frenssen, Lebensbericht, 1941, 82 – Landesarchiv Schleswig-Holstein, 19, 25 ob, 25 un, 35 ob, 63 ob, 71 – Martin Gietzelt (Red.), Geschichte Dithmarschens, Boyens Buchverlag, 10 – Bärbel Manitz/Thomas Al. Greifeld, KuNSt ohne Museum, Boyens Buchverlag, 56 re – Heimatmuseum Marner Skatclub von 1873, 35 un – Ralf Meyer, Hamburg, www.ralfmeyer-fotografie.de, 97, 98 – Heinrich Möller, Erinnerungsalbum (Sammlung Trende, Groß Vollstedt), 22 un, 40/41 ob, 41, 42, 43, 44 (2), 46, 47 (2), 48 (2) – Dana Müller/Boyens Medien, S.6/7 – Museumsberg Flensburg, 8 – Nordfriesland Museum. Nissenhaus Husum, Umschlag un, 60 (2), 61 (2), 63 mi – Nobelpreis für Literatur Knut Hamsun, Zürich, 66 – Oberpräsident (Hg.), Neulandhalle, 9, 11, 22 ob, 24, 26 (5) – Oberpräsident (Hg.), Denkschrift, 17, 52, 53, 54 (2) – Sammlung Hans-Peter Peters, Marne, 55 ob – Tore Rem, Knut Hamsun, Berlin, 67 – Reichsarbeitsdienst-Vorschrift 1, 39 re – Schübeler, Landwirtschaft, 72, 75, 101 – Max Slevogt, Goethes Faust, 1927, 81,86 – Stiftung Schleswig-Holsteinische Landesmuseen Schloss Gottorf, 88/89 – Reinhard Stolze, Neulandhalle, 37 re, 58 (2), 59 (2), 63 un – Private Sammlung Zeitungsausschnitte, 28, 29 – Frank Trende, Groß Vollstedt, 35 mi, 38 (2), 45, 95 – Sammlung Trende, Groß Vollstedt, 12/13, 18, 20, 21, 23 un, 31, 32/33, 36, 39 li, 49, 55 un, 56, 57 (2), 62, 64, 68/69, 90/91, 92, 93, 94, 96 (3), 99, 102, 104, 106, 1 ob – Trende, Marne, Boyens Buchverlag, 78/79 – Sammlung Claus Vahle (Nachlass Gaedtke), Schleswig, 37 re, 40.

EDITORISCHE NOTIZ

Dies Buch bündelt meine Recherchen, Überlegungen und Assoziationen zur Neulandhalle. Dabei gehen etwa die Passagen zum Innenraum der Neulandhalle und zum Glockenturm auf die entsprechenden Kapitel meines Buches „Neuland! war das Zauberwort. Neue Deiche in Hitlers Namen", Heide 2011, zurück. Dort finden sich auch weitere Literaturangaben zum Siedlungsvorhaben Adolf-Hitler-Koog. Weitere Gedankenfiguren und Darstellungen zur Neulandhalle habe ich erstmals in Aufsätzen und Vorträgen entwickelt und vorgestellt, wie etwa in „Der Täterort im Diskurs um die Erinnerung an den Nationalsozialismus – die Neulandhalle", Vortrag auf der 7. Gedenkstättentagung in Schleswig-Holstein „'Modernes' Erinnern", Bad Malente – Gremsmühlen, 24. Februar 2012; „Der Kommunist im Adolf-Hitler-Koog. Oder: Wie die Neulandhalle in den wichtigsten Roman von Hermann Kant kam", Zs. Dithmarschen 3/2017; „Neulandhalle, Goethe, Kant und ich", Vortrag im Historischen Lernort Neulandhalle, Friedrichskoog, 26. September 2019 und „Auf den Spuren von Mark Niebuhr" in Hermann Kant, Der Aufenthalt, vollständige, erweiterte Taschenbuchausgabe, Berlin 2021.

Die Schreibweisen in Zitaten blieben unverändert.

DANK

Für vielfach erwiesene Hilfsbereitschaft habe ich vor allem zu danken Hans-Jakob Beeck, Spersdiek; Ralf Meyer, Hamburg; Dr. Jutta Müller und Karsten Schrum, Dithmarscher Landesmuseum Meldorf; Ernestine Thomsen, Dieksanderkoog; Dr. Maike Manske und dem Lesesaal-Team der Schleswig-Holsteinischen Landesbibliothek Kiel; Hans-Peter Peters, Marne; Kristina Schelinski, Restaurierung im Landesamt für Denkmalpflege Schleswig-Holstein, Kiel; Waldemar Schmidt, Kronshagen; Dr. Annegret Thiemann, Felde; Claus Vahle, Schleswig. Für die wieder einmal professionelle und freundschaftliche Zusammenarbeit und das gemeinsame Entwickeln von Ideen danke ich Dörte Kromrei und Bernd Rachuth vom Boyens Buchverlag von Herzen.

Dies Buch ist der Erinnerung an den ehemaligen Direktor des Dithmarscher Landesmuseums Prof. Dr. Nis R. Nissen (1925–2000) gewidmet. Nissen leitete mich an und lieh mir Museumsobjekte aus, als ich im Sommer 1985 eine kleine Ausstellung zum 50jährigen Bestehen des Dieksanderkoogs zur Geschichte des ehemaligen Adolf-Hitler-Koogs entwickelte und realisierte – an der die offiziellen Gäste der Feierstunde freilich vorbeifuhren, die auch in ihren Grußworten und Festreden über die wahre Geschichte des Ortes und dessen Verbindung zu seinem ursprüngliche Namenspatron geschwiegen hatten. Nissen veröffentlichte als Redaktionsleiter der Zeitschrift „Dithmarschen" 1986 meinen ersten kleinen Aufsatz zur nationalsozialistischen Symbolik des Neulandhalle, nachdem die Redaktion einer anderen landeskundlichen Zeitschrift ihn abgelehnt hatte, weil man meinen Beitrag wegen seiner „nicht wertenden Form" missverstehen und nicht veröffentlichen könne, „ohne bewußt Schaden in Kauf zu nehmen". Und Nis R. Nissen lud mich ein, gemeinsam mit ihm in der Neulandhalle im April 1996 einen Abend im Rahmen der Vortragsreihe „Dithmarscher Geschichte am Beispiel seiner Kirchspiele und Kirchen" zu gestalten, an dem es darum ging, die Neulandhalle als sakrales Gebäude einer völkischen Ideologie vorzustellen.

EBENFALLS IM BOYENS BUCHVERLAG ERSCHIENEN

Deichreif war das Land auf der schleswig-holsteinischen Seite der Elbmündung schon lange. Als ab 1933 die Nationalsozialisten regierten, realisierten sie mit dem Adolf-Hitler-Koog, dem heutigen Dieksanderkoog, ein Landgewinnungsvorhaben, das zu einem propagandistischen Vorzeigeobjekt allerersten Ranges wurde: Der Reichsarbeitsdienst kam zum Einsatz, der Ort wurde auf dem Reißbrett entworfen, es sollte eine „Volksgemeinschaft" aus Bauern, Handwerkern und Arbeitern im nationalsozialistischen Sinn konstruiert werden. Höhepunkt der propagandistischen Inszenierung der Neulandgewinnung war der Besuch Adolf Hitlers im Jahr 1935.

Weiter dargestellt werden etwa der Versuch der Eindeichung Trischens und die Geschichte des Friedrichskooger Hafens. Standardwerk zur Landgewinnung im Nationalsozialismus und deren propagandistischen Inszenierung.

Frank Trende
Neuland! war das Zauberwort
Neue Deiche in Hitlers Namen
2. Auflage 2011. 232 Seiten,
252 Abbildungen, gebunden
ISBN 978-3-8042-1340-1

„Mit seinem Buch wagt Frank Trende, Autor, ausgewiesener Kenner der schleswig-holsteinischen Geschichte und selbst im Dieksanderkoog aufgewachsen, die wichtige und gleichzeitig längst überfällige Auseinandersetzung und Aufarbeitung eines Stücks nationalsozialistisch durchtränkter Dithmarscher wie schleswig-holsteinischer Landesgeschichte […] ein Gesamtkunstwerk, zu dem man ihm wirklich gratulieren kann."

Claudia Ohlsen, Zeitschrift der Gesellschaft für Volkskunde
in Schleswig-Holstein, [illegible]

Die Außenanlagen des Historischen Lernorts Neulandhalle können täglich bis zum Einbruch der Dunkelheit kostenfrei besucht werden. Das historische Gebäude Neulandhalle kann nur im Rahmen einer Führung besichtigt werden. Die gebuchten Gruppenführungen sind kostenpflichtig. Der Treffpunkt für alle Führungen ist der Parkplatz am Historischen Lernort Neulandhalle.

Folgende Schulen aus Dithmarschen kooperieren mit dem Historischen Lernort Neulandhalle:

Eider-Nordsee-Schule, Wesselburen
Gymnasium Brunsbüttel
Gymnasium Heide-Ost
Gymnasium Marne Europaschule
Klaus-Groth-Schule – Grund- und Gemeinschaftsschule der Stadt Heide
Werner-Heisenberg-Gymnasium, Heide
Berufsbildungszentrum Heide
Schleusen-Gemeinschaftsschule Brunsbüttel
Gemeinschaftsschule am Hamberg, Burg

Kontakte:

Besucherservice und Bildungsangebote:
Volkshochschulen in Dithmarschen e.V.
Süderstraße 16 / Ditmarsia
25704 Meldorf
Tel: (0 48 32) 42 43
Fax: (0 48 32) 50 40
E-Mail: mail@vhs-dithmarschen.de

Digitaler Lernort und Ausstellung:

Forschungsstelle für regionale Zeitgeschichte und Public History
Europa-Universität Flensburg
Prinzenpalais 1b
24837 Schleswig
Tel: (0 46 21) 86 18 90
Internet: https://www.frzph.de
E-Mail: sekretariat@frzph.de

Weitere Informationen: **https://lernort-neulandhalle.de/**